U0469346

做一个成长型教师

冯卫东 著

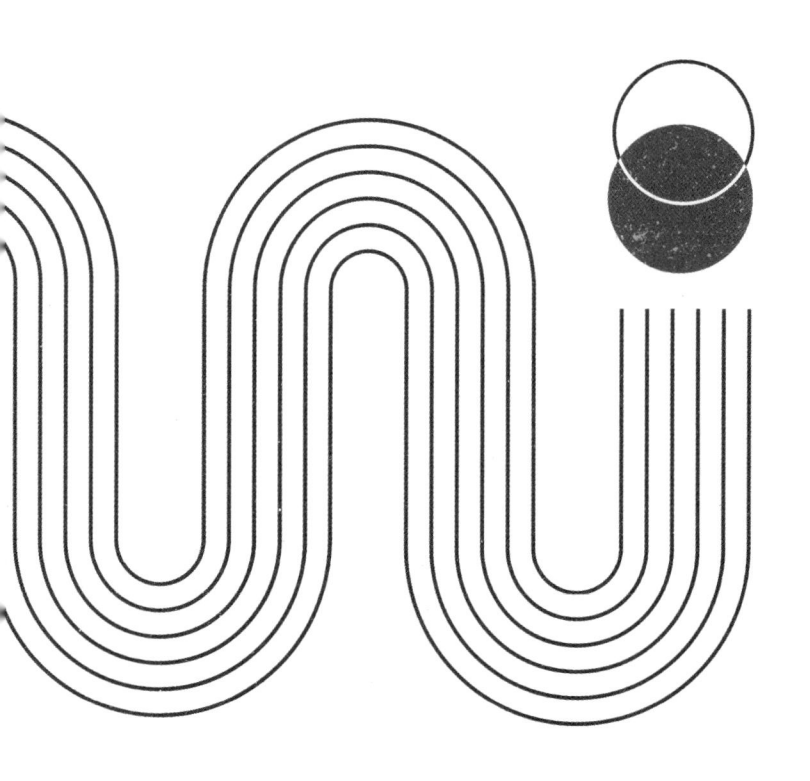

中国人民大学出版社
·北京·

图书在版编目（CIP）数据

做一个成长型教师/冯卫东著. -- 北京：中国人民大学出版社，2024.1
ISBN 978-7-300-32323-7

Ⅰ.①做… Ⅱ.①冯… Ⅲ.①师资培养 Ⅳ.
①G451.2

中国国家版本馆 CIP 数据核字（2023）第217091号

做一个成长型教师
冯卫东　著
Zuo Yi Ge Chengzhang Xing Jiaoshi

出版发行	中国人民大学出版社		
社　　址	北京中关村大街31号	邮政编码	100080
电　　话	010-62511242（总编室）	010-62511770（质管部）	
	010-82501766（邮购部）	010-62514148（门市部）	
	010-62515195（发行公司）	010-62515275（盗版举报）	
网　　址	http://www.crup.com.cn		
经　　销	新华书店		
印　　刷	北京华宇信诺印刷有限公司		
开　　本	720 mm×1000 mm　1/16	版　次	2024年1月第1版
印　　张	11.75　插页 1	印　次	2025年2月第6次印刷
字　　数	145 000	定　价	59.80元

版权所有　侵权必究　印装差错　负责调换

| 目录 |

前言 / 1

上篇 | 成长即生活：我的"开门七件事" / 3

一、柴——做点燃自己生命的燧人氏 / 5
枯木日久见火心 / 5
余生只好这一口 / 9
做成长的"瘾君子" / 11

二、米——稳住基本盘 / 14
青涩之岁月，知耻而后奋 / 15
吾生也有涯，习"功"无穷期 / 18
"长城"永"仰止"，基座须夯实 / 21

三、油——迷恋"我们"的成长 / 23
大气平和，心向往之 / 24
"鼯鼠五能"，且怍且荣 / 26
聚成"我们"，乐在其间 / 28

四、盐——修得深沉，拒绝浮浅 / 30
  宁学清溪浅，不作泥沼深 / 31
  让心灵多"呆"一会儿 / 34
  用儒雅的气质"对长相负责" / 37

五、酱——因酿而鲜 / 39
  "我的大学在心间" / 40
  把"心间"改造成一间磨坊 / 42
  做一只勤劳的"懒蚂蚁" / 43

六、醋——保持必要的成长焦虑 / 47
  适度焦虑是朝优向美的内驱力 / 48
  少与人争，多和己比 / 50
  站成"一棵长满可能的树" / 52

七、茶——放缓脚步，等待灵魂 / 55
  "吃茶去"，让线性时间空间化 / 56
  成长是一种慢的艺术 / 59
  在"捂·焐·悟·晤"中向规律靠拢 / 61

中篇 | 成长见知行：名师教给我们"五字诀" / 65

八、学——每天都是"4·23" / 67
与同学"同学"，为"真教"而学 / 68
向以学为主的专家转变 / 70
不做追风者，要做踏浪人 / 73

九、思——所有的事都可以思 / 75
思考，像呼吸一样自然 / 76
抽象，触摸无限的脉动 / 79
莫做蝌蚪，要做蜘蛛 / 81

十、行——把更多的事情磨成典藏版 / 85
"知道能行"，方有道行 / 86
"重要他人""关键事件"其实是自赋的 / 89
多做"实验"，对明天有期待 / 91

十一、著——为自己多活一辈子 / 96
在写中学会写 / 98
让"好课"成为"好作品" / 100
做好全身运动，建好系统工程 / 104

十二、晤——把自己打开 / 107

想什么是看出来的 / 108

敢问才能"入时" / 110

用他人来成长自己 / 112

下篇 | 成长须规划：做一个满血复活的"六一"居士 / 117

十三、保有一股"成功再建功"的"精气神" / 119

改造我们的"三观" / 120

幸福是苦出来的 / 123

在青春的接力中走出让自己吃惊的我 / 125

十四、倡行一种"对、像、行"的教学主张 / 128

聚精，才能会神 / 130

从实践中来，再把实践带向明亮那方 / 132

要百搭，而不要白搭 / 134

十五、做实一个与教学主张相呼应的课题 / 138

"完美互逆"铸就合金品格 / 139

用合金锻成有思想的技术 / 142

把"立项权"攥紧在自己手里 / 145

十六、写一本基于课题、指向主张的专著 / 148
    人人写书,"非不能也" / 149
    用写专著的任务进行"逆向成长设计" / 153
    没有黄金屋,却有登峰梯 / 155

十七、建成一支朝向一致、坚强有力的队伍 / 158
    领跑,让自己跑到更领先的位置 / 160
    带领他们去没有去过的地方 / 162
    优秀教师说到底是自己成长的 / 165

十八、培育一项"诱导"自己、继往开来的成果 / 169
    "为儿童的学习"应是成果培育的第一动力 / 170
    在"后瞻"与"前瞻"的交互中"高瞻" / 173
    是成长之果,也是成长之阶 / 176

后记 / 179

前言

写这本书，至少有以下两个原因。

一是出于对教师职业的认识。教师是教人成长的，这意味着教师必须不断成长，做成长型教师。时下，整个世界变化越来越快，客观形势、大政方针等都要求教师与时俱进，成长不辍。

二是在近40年的教育生涯中，尽管没有取得骄人的业绩，个人却一直努力向上，持续让自己增值，确乎可以算是成长型教师。其中的经验或教训，多多少少会对老师们有用。

全书主要分为三部分。

第一部分，主要内容大致是个人教育成长叙事。以我自己为例，进行非连续性、截面式叙述，并适当"研究自己"。其中的成功经验，或可供大家借鉴；不足之处，则可提醒大家规避。我自非光彩照人的成功范本，却是一个典型的成长样本。相信读者定能从中悟出一些成长之道。

第二部分，在李吉林老师倡导和力行的"学、行、思、著"思想之上，又加了一个"晤"字，构成教师成长"五字诀"。如果老师们有意识地在这个"五字诀"上用力，就能不断成长。

第三部分，分析总结成熟教师、优秀教师的成长经验，聚焦的主题为"成长须规划"。实际上提供了一个包括六项内容的优秀教师成长模型，旨在助力老师们更快、更好地成长。

总之，教师成长是重要问题，应该有人写出中国的"教师成长学"。这自非我所能，同时我也不想写成一本理论专著。

在书中，我用讲故事的方式讲成长方法，希望读者能从中获得拿来就能用的有效成长法，形成自己的成长观，并用来指导自己的成长——我们就都是"成长型教师"。

上篇

成长即生活：
我的"开门七件事"

我视教育为一种生活。正如杜威所说，教育即生活。居家生活，有"开门七件事"——柴、米、油、盐、酱、醋、茶，正好可以用来譬喻我的教育生活。

一、柴——做点燃自己生命的燧人氏

开学了,我离开了学校和课堂,来到新的单位和岗位。十多年来,我一直在自发或自觉地进行思考、研究、写作,教科研已然成为我冥冥之中的一种宿命。我承认,相对于具体的教育教学实践,教科研更是我的所愿、所爱和所长。做一线教师时,我也有自己的乌托邦,但有时却要屈从于现实,在技术操作的有限"跑马场"内"兜圈",无法体验纵情驰骋的酣畅……

——《平、上、去、入:我教育生活中的四个"关键词"》,刊发于《教师之友》2004年第8期,有修改[1]

燧人氏钻木取火,让人类进入不再茹毛饮血的熟食时代,从此人类渐渐走向品质生活。其实,人亦如木,钻乃有火。

枯木日久见火心

1982年,经过一年复读,我取得离本科起分线差一分的高考成绩。

---

[1] 每篇开篇前的导入文字都来自作者发表的文章或出版的图书。

填报志愿时,"专科"一栏三个空格内,我填的都是商业或公安方向的学校。为保险起见,在"是否服从调剂"栏内写了"是"。结果收到的是江苏省南通师范专科学校的录取通知书。那天,我绝没有兴高采烈,而是哭得一塌糊涂。我倒没有类似于成为企业家或科学家之类的长远规划和宏伟梦想,只是觉着,吃商业饭或公安饭,前者实惠、有钱挣,后者神气、有荣光。村子里有几个当教师的,日子都过得紧紧巴巴,和其他村民没什么大差别,而考大学就是为了跳出农门,上师范这不预示着我最终还要回到农村!

当时像我这类跟教育"先结婚,后恋爱"的人不在少数。尽管到 2000 年,我在师专同班同学中率先进入中学高级教师之列,但这之前的五六千个日子里,我基本上还是"跟着感觉走",听凭兴趣,自然生长,甚或"野蛮成长"。

在一线学校、普通讲台工作 20 年,我对教育有若即若离、不即不离之感。说很爱它吧,可有时心生倦怠,特别是在受挫、窘迫时,难免心灰意冷,偶尔竟懒得好好备课、上课;说不爱它吧,可也从没有离开它,没有择枝而栖、另谋高就的念头,甚至当自己因为"擅长写作"受到两家更好的单位青睐时,也毫不犹豫地予以婉谢。这倒不是因为个人特别痴情于教育,而是由于内心有一种隐隐的感觉:还是教师工作比较适合自己的个性,换个行当,未必胜任。

生性驽钝,不谙世故,和更多更优秀的同辈人相比,我确实"迟慧"。当然,也有自己的优势与长处——爱琢磨,爱思考,不甘落俗,喜欢另辟蹊径,时有创意。人们埋头抓考试,我则想着怎样劳逸结合。我带领学生去长江边野炊,到青墩遗址①访古,这在当时很闭塞的农村

---

① 位于江苏省海安市南莫镇青墩村,是新石器时代遗址。

中学,不啻为破天荒之事。对作文教学怎么做,许多老师不知所措,我却时有新招。譬如,为了调动学生写作的积极性,我让学生现场命题考我。学生出题后我稍加构思,然后就口述,由大家记录下来,师生一起再加以品评和修改。20多年前我即兴口述的作文《我说施拉普纳①》,当年的学生至今记忆犹新,传为美谈。再如,我喜欢写小小说,有一次期中考试,我以自己的作品为素材,不但出了若干阅读理解题,还让学生尝试写一篇文艺短评。这次尝试,经过整理,我在《中学语文教学参考》上发表了《我让学生品"拙作"》。

恰好读到文艺评论家汪政先生在微信公众号上发表的他在南京某小学听一堂诗歌教学课之后的一段即兴点评。令人高兴和振奋的是,他表达的希望,我却早早地让它成了事实,并且走得更远。

> 今天如果你跟学生说,大家一起来看我写的诗,看看老师写的诗怎么样,好不好,学生一定会很兴奋,很投入。你让学生去评价、去点评,这首诗好在什么地方,哪一句、哪个字不对,然后一起琢磨,一起修改。一起研究从生活中得来的新鲜文学文本这种经历很重要。它让学生觉得我们学习的东西是可以改变的,可以商量的,可以重新发现的,我们有责任、有能力让它变得更好、更完美,从而激发学生创造的欲望。而不是面对一个"经典"的文本,只能说好,不能改变……要让学生从生活中发现和寻找文学,老师就要先做好榜样。要让学生感到,老师每天都在发现生活,琢磨生活,理解生活,创造生活,表达生活,进而得到启发,加以学习。这种对生活的态度是一个人优秀的语文品

---

① 施拉普纳,德国职业足球教练,足球经纪人。

> 质，也是语文教学中要倡导的人道主义，也就是热爱生活，参与生活，进而享受生活，然后去发现生活，创造生活，表达生活。老师写下水作文的意义是什么？意义之一，就是要给学生树立这方面的模范。

再如，我会引导学生留意周边生活事实，努力从中品味出某种人生或社会的哲理，再就这些哲理写一篇议论文。后来《作文成功之路》杂志发表了我的万字长文《做一个永远的"思想者"》（和同事陈明华合作），这篇文章全景式地呈现了此次作文教学的设计思路、过程、成果及后续思考。

应该是因为自己一向喜欢写作，所以爱屋及乌，尤其重视为许多同行所不愿多谈的习作教学。2000年8月，《语文学习》杂志发表《"对话"，为我赢得了成功》，系统阐述与呈现了我的"对话作文教学观"。"对话"是第八次基础教育课程改革重要的理念之一，而我早就围绕它进行了一些颇具原创性的建构，这多少表明我的尝试之新。

可惜，我并未以同样的热情和创意投入作为语文教育另一翼的阅读教学，更未能提出并扎实践行"指向写作的阅读"之类的主张，在此方面乏善可陈，使自己20年的一线教学工作多少有点儿跛足之态。表面上看，这是一个兴趣取向的问题，实则说明，自己还不是一个成熟的教育者，听任个性驱使，颇有"乘兴而来，兴尽而返"的"名士气"。当时，自己往往很感性，而缺乏必要的理性，这也使我如美国教育哲学家奈勒所说，好也好得有限。

话说回来，爱学、乐思、勇创、能行、善写，终究是一些不错的品质。更幸运的是，这些品质我差不多都拥有。它们积久而成某种日益深厚的教育情结，也使枯木溅起几粒火星，亮起数朵熠火，最终燃成一支火炬，照亮我个人的教育时空和成长前路。如今，在"望昔兴叹"时，又每每感到欣慰。

余生只好这一口

原本未曾有从教之初心，为能力（考分）所限，我无奈地读了师范专业，三年后的1985年，没有任何悬念地回到家乡，做了一名农村学校初中语文教师。其时才19周岁，成人不久，自己的心智尚未成熟就当孩儿王，可想而知初登讲台会是怎样的情形：懵懵懂懂，跌跌撞撞，破绽百出……好在别无他路，这使自己的专业思想较为坚定；好在供职的第一所学校是新升格的完全中学，有蓬勃向上的态势。老校长管理经验丰富，信奉"高压锅理论"，对我们这批新教师施以较大压力。这使很多人从一开始就强力入轨，走上正路。我的教育人生总体上走得较快、较好。其间，本来有机会到市教育局工作，但我没敢接受。

我后来转任、现如今已在任上工作了整整18年的教科研机构就像一条让我乐得其所、自由游弋的河流。有了这么多年的一线教育经历和经验，加上自己学习不息，思考不停，笔耕不辍，我已初步具有"跳出课堂看教育"的能力。目前，我不仅有更趋向于学问一途的爱好与个性，而且有自己不断生成、巩固的独特心智结构。

教科研工作让我变得更加自适、自惬和自足。未入其中，不晓其味，而一旦进入这片天地，就喜欢上了这一口。

我也曾想做比较高深的学问，专门研究教育哲学，可迫于缺乏哲学功底和系统的教育理论知识，觉得此路难通，于是改弦更张。读理论书总会遇上一些名词，比如，"工具价值""技术理性""解放兴趣"，等等。我也学着自造新词，自我陶醉，到学校"指导"，不久便自觉无趣，于是决意探索一条基于教育教学日常实践又能对这些实践有一定引领、助推作用的科研路，决意以自己说得清、别人听得懂的话来面对老师们。在《"能贱·益群"：我"做出"一本书的"精气神"》一文中，我写道：

> 自我定位越来越清晰。我要走一条"中间路线"。这是一条"仰望星空，接天连地"的求问之路，是一条"理论改装，科学下嫁"的探索之路，是一条"没有规矩，亦成方圆"的自为之路。对于这些，大学教授、高级别科研机构的专家往往无暇为或不屑为，而基层教科研人员以及广大一线教师常常又难以为或不能为。应该有一些人是如此行走、这样作为的，而当下这样的人却少之又少。
>
> 定位决定身位……我以一种新的姿态和方式重新回到曾经十分熟悉而后渐感陌生的"田野"之中，开展面向现实生活、化解真实问题的研究。它是草根性的，有"人间烟火"气息的……
>
> 既然做不了理论家，那我就做一名教育研究方面的科普工作者。虽然难以把教师带入思想圣殿，但能引领他们走向通往圣殿的台阶。
>
> 我竭力掮起研究的闸门，引更多教师进来：进来总比在门外徘徊要好，进来总能迈出自己的舞步。而过多地为研究"立威"，很有可能浇灭教师的研究热情，使他们望而却步。

余生只好这一口，这一口就是面向中小学教师，能和大家一起"改变一点点，一点点改变"的教科研。改变就好，没有微改变，就没有大变革。经过不懈努力，我欣喜地看到，在我周边，有不少教师、几所学校也因为我的推动和影响，积微成著，发生了较大的乃至令他们自己或公众都讶异的大变化。一位教育图书出版编辑曾称我为国内"草根教科研大V"。我不奢望做"大V"，也无志趣做"大V"。但可以确定的是，教科研岗位、工作，不断激活我内心喜欢的力量。

套用陆九渊的诗句，我说："科研切戒在慌忙，涵泳其中兴味长。"我愿继续努力。

做成长的"瘾君子"

有人问一个作家取得创作成就的根本原因，他回答，勤奋，勤奋，还是勤奋。那么，我勤奋吗？差不离，要不然也不可能实现人生的咸鱼翻身，从底层的农民家庭走出来，成为如今自信比较优秀的教育工作者。但我真的勤奋吗？在主观上我似乎又缺少足够的努力意识。著名考古学家夏鼐自认为是天生的读书种子，并认为他念书成了瘾，用功这个词和他无关。这样看来，我其实是"瘾君子"，做教科研这样的好事、美事，还需要攒足力气，勤奋、努力和用功吗？十多年前，有一个市教育局请我做读书报告，我拟定的报告题目是"读书——对健康生活方式'上瘾'"。读书上瘾，研究上瘾，带着一群伙伴，不时将创新理念化为行动，又在行动中检验和发展理念，对此也上瘾……对有关教育的这些好事都上瘾，这其实是"成长依赖"了。这就是对成长上瘾，就是做成长的"瘾君子"！

需要有更多人对成长上瘾。这里的"瘾"或"上瘾"，其实是指非智力性因素良好的状态，是对积极情感、正向情趣的巅峰体验，是无限的热爱与投入。"瘾者"往往亦为"痴人"。蒲松龄有言:"书痴者文必工,艺痴者技必良。"大凡在事业上有不俗成就,在生命中臻卓然境界的人,几乎无不是"瘾君子",无不是痴情人。反过来讲,一个处于貌似很正常或清醒状态的人,一个为人间烟火所全然湮没、熏黑的人,往往是难以达至不俗或卓然之地的。著名京剧表演艺术家尚长荣说:"不犯神经,不中魔,作为一个戏曲演员就演不好角色。"而在当下的现实中,极有定力、能为自己的职业犯神经或中魔者实在太少了。就我个人而言,上瘾的程度、"痴"的火候也还不够。如果这样的人多一些,乃至蔚成风气,那么,我们的教育和社会必然就会好很多。

做成长的"瘾君子",并不是一件人人可为或一蹴而就的事。不但要克制一些具有伤害性的"瘾",如烟瘾、酒瘾、游戏瘾;而且要努力地创造和收获成功,使自己不时能看到前路的光明和希望,进而愿意、乐于不断地追寻与追求。顾炎武有言,"以兴趣始,以毅力终"。依据自己的经验,我把它改写为,"始于毅力,终于兴趣"。只有经历"成长自律""成长自觉""成长自励"等过程,才能实现"成长自由"乃至"成长自醉"。重要的一点,还是要有一颗少随世俗、难染尘滓的童心。童心难得,童心易逝,还可能为社会误解乃至错读,被视为书呆子气。其实,出于善良、醉心成长的书呆子气正是童心的一种表现。如是,则可以自豪地说,我是有一颗童心的。在《也给"书呆子"留一席之地》一文中,我这样写道:

不少人说我颇有书卷气,这使我不免飘飘然。某一天,我"惊觉"自己其实有点儿"书呆子气",甚至是个"书呆子",好一阵子,为此不安……再后来倒有点儿"精神胜利"式的自赏。在这个浮躁、闹腾的世界中,"躲进小楼成一统",静下心来读书、思考、探索、研究，做一些有价值的事，这是一种难能可贵的定力，也是对某种古典情怀的持守，庶几为一种人生境界。

"呆人有呆福"，至少比起那些游魂一般无所事事的人，谄上欺下的人，耽于心计乃至为种种心术所情迷神惑、难以自拔的人，损人肥己的人，我都有也更有充实感和幸福感。呆就呆吧，倘要我改头换面，既不能也，亦不为也。

二、米——稳住基本盘

最开始写字，我无师自通，"发明"了一种写法——右手握笔，左手食指推着笔尖往后退，笔尖画出的道道就是我写的字。可以想象那是多么的艰难，多么的拙劣。别人早把本子交上去了，我常常还没有写到一半。不知有多少回，天色向晚，上四年级的姐姐在窗外等我一起回家，看见她，我就不顾一切地号啕大哭起来。姐姐看不过去，趁老师不在，急忙帮我写上几行。我这才能跟她踏着暮色，听着蛙鸣虫叫，颠颠悠悠地向着炊烟袅袅的家中"胜利大逃亡"。

——《我本差生》，刊发于《辅导员》2003年第2期

手中有粮，心中不慌。粮食安全永远是头等的民生大问题，只有解决好了它，其他问题才有解决的基础与可能。有米，才会有今后生存、成长与发展的基本盘。又可用米、基本盘来比喻教育教学等的基本功。没有基本功，就没有教育活动的一切。米十分重要，可又如巴金先生在《灯》中所说，我们不是单靠吃米活着。有了米，还要有多种营养品。如此，我们的教育生命机体才能保持健康，走向未来。

青涩之岁月，知耻而后奋

我没有半点儿家学渊源，父母都不识之无，三个姐姐最多只念了几年书。我五年半的小学生涯，是在村里的两排破旧平房中度过的，脑子不开窍，成绩很糟糕，从来没有做过小组长及以上的班干部。到邻村"戴帽子小学"①读了两年初中，其间，遇到恩师——语文教师兼班主任秦志成先生。在秦老师这里，饱受冷眼和欺负的我感受到不少温暖。秦老师是科班出身，水平高，使我爱上语文，并由此慢慢地涉及其他学科。后来以高于分数线两分的微弱优势考入公社高中②。入学时理科跟不上，语文略好，被动员上文科班。三年后，考上南通师范专科学校中文系，再后来，做语文教师，靠写作等方面的优势，慢慢进步，直至评上特级教师、正高级教师。由此可见，语文对我一生的成长和发展多么重要。一家教育媒体曾举行"我与语文"主题征文，我应约而成一篇《语文救了我的命》。这可不是什么标题党，不是要耸人听闻。如果没有秦老师，没有他教我语文，使我有了人生成功链的第一节，那今后的光景大致无法不惨淡。

那时的文化生活极为单调、贫瘠。记得上大学之前我读过的课外书只有两本，一是朝鲜电影《火车司机的儿子》的连环画，一是一本长篇小说《刑警队长》。说到底，我的语文底子很不好。1981年第一次参加高考，第一门考的是语文，第一道题目是写出"哄"的三种读音，再分别组词。我一个都没有写出来。作文是《毁树容易种树难》（写一篇读

---

① 指增设了初中班级的小学。戴帽子学校，泛指在原来建制不变的情况下增设高一级教育班级的学校。

② 相当于现在的乡镇高中。

后感），对此，我脑子里几乎一片空白，勉勉强强写满大部分空格。16周岁虽是长身体的时期，但衣食条件基本上处于维持生存的水平，常有饥饿感。学习上也不是如饥似渴、勤奋刻苦，而是比较随性。各科成绩有好有差，时好时差，除了古代汉语曾考过一次全班第一，其他考试都不曾留下什么辉煌的成绩。当时，南通师专中文系有两位老师教古典文学鉴赏，很有影响。到了二年级，我们开始学习鉴赏作品，我写的《景情水乳融，引人入佳境——〈小石潭记〉前导文字浅析》在读三年级第一个月时发表于《语文教学之友》（1984 年第 9 期）。偶撞大运，使我对写作起了浓烈的兴趣，一页纸的铅字文章犹如一道卖身契，把我卖给了一辈子都难舍难分的教育写作。从某种意义上说，我今后人生的"乾坤八字"在那时就基本定了下来。

一俊自难遮百羞。初登讲台，我无知无畏，很快就遭遇了底子薄带来的许多尴尬。板书时不时写错别字，讲普通话让学生在背后"学舌"，等等。可我又不是安生的主儿，在教学上偏好折腾和创新。上《周总理，你在哪里》时，我用配乐朗诵的方式（这算得上初级版的情境教学），感动了自己和学生，大家眼里饱含热泪。我让学生自学教材并提出问题，我再加以归并，然后进行"问题驱动教学"……回顾这段岁月，觉得难以用简单的几句话对自己加以定评。不过，有一点则是明确的，用乡下话说，就是"田里一脚，岸上一脚"，缺乏章法，常常靠着也为着兴致而活。

初为人师闹了不少笑话，不知多少次羞红了那张稚气未脱的脸。这种个性一方面使自己不登大堂，难成大器；另一方面也使自己知耻而后奋（勤奋、振作）。1987 年 10 月，偶然得知江苏省首开中文大专起点本科段自学考试，第二天我就到县城报了名。每次都报满可报科目。除了中国通史因为轻敌未能一次通过，其他都是一次过关。这些考试，除了指定考试用书之外，没有任何参考资料，更没有培训班一说，完全靠自己硬啃。我用一边读书一边模拟出题的方式，从前到后，自问自答，各科都从头到尾做了两三个来回。考中国文学史时，我把游国恩等人主编的四大本《中国文学史》从前到后啃遍、翻烂，结果在只有10%及格率的情况下获得72分。这使我对中国文学史有了较为清晰的印象和整体的把握。两年后，我成为全省首批经由这一途径获得本科文凭的学员之一。

我的成功，全靠下死功夫。忘不了小镇经常停电，同事们都外出放松，只有我秉烛夜读；忘不了许多人因为考得难而中途放弃，我成为同批报考的人中唯一坚持下来的人，多次形影相吊地来往于小镇与县城之间的路上；忘不了毕业论文答辩时，我把"危楼"错解为"危险的楼"，露了功底欠佳的馅儿，评委老师看我态度很认真，论文总体质量还不错，不但没有为难我，而且非常宽厚、亲切地提醒我"以后注意不要出现常识性错误"……参加自学考试真是让我脱了一层皮，不过在这一过程中，我也收获巨大。

感谢自学考试，它也是一场自我考验。没有人逼我，是我自觉自愿地置身这一膛炉火之上。它没有把我烤煳，反而使我开始变得厚实和稳健了一点儿。加上青年人如火般的热情，自此我的工作渐渐有了起色。在从教的第一个十年里，做出比同龄人更突出的成绩：带的第一届毕业班大获全胜，我因而荣膺学校唯一的"教学成果加级特等奖"。这项奖励的名称是校长原创的，因为我们的考试成绩第一次超越了区（县级以下由几个乡镇组成的行政单位）里另一所"不可战胜"的学校，一出全校上下蓄积已久的"恶气"。语文（一届仅两个班，都是我教的）一科尤佳。我在年级有模有样地创建了一个社团——昕光文学社，隔周出一期油印小报，发表学生的作品。其间，一名学生写作的一篇五千余字的小说《文娱部长》发表于《少年文艺》。这在当时的农村中学是很轰动的一件事。工作第七年，我主编出版了一本书——《中考作文分类指导一百例》，并请中学语文教学法方面的大咖顾黄初教授作序。工作第十年，荣登《语文学习》杂志"全国优秀青年教师名录"栏目，发表《论"悲剧"作品教学的"失衡"及对策》。这篇论文所指陈、批评的阅读教学"重知轻情"等问题至今犹在，我为化解它们做了一点儿思考和探索；同年，获评首届"通州市百佳青年"及"十佳青年教师"。工作第十二年，参加江苏省第三届"五四杯"中学青年教师教育教学论文比赛。此一赛事可谓当时全省教师教育生活中的一件大事。我写了三篇参赛作品，都进入一等奖候选范围，其中《从语文教育的角度看教师与当代"通俗文化"新潮》一篇，成为十二篇"桂冠作品"之一。

你眼前的种种经历，将来多少会联结在一起。我经历了"童年之差""少年之暖""青年之奋""中年之拼"，在逼近老年的如今，上述这些经历联结成越来越好的我。

吾生也有涯，习"功"无穷期

教师子女的特殊身份让我拥有了阅读"特权"。当同龄人在野外挖猪草、拾稻穗的时候，我可以自由地出入学校图书室，阅读《红楼梦》《钢铁是怎样炼成的》《林海雪原》等名著。20世纪70年代末，《少年文艺》《儿童时代》《雨花》等纷纷复刊，在同伴们还不知道杂志为何物时，它们已经成为我每月的期盼。大量阅读的直接结果是，我的每篇作文都成了老师在班级宣读的范文。直到工作后我才发现，这段"枕着童话入眠，伴着名著长大"的经历，让我终身受益。

王笑梅校长这段童年经历让同龄的我羡慕。有人说，幸福的童年治愈一生，不幸的童年用一生来治愈。对童年精神生活的"不幸"，少年、青年和中年时期，我都在自觉不自觉，或张或弛地治愈着。一生尚有老年期，治愈不会成过去。"基础不牢，地动山摇"，既然自己还想在未来的时日里继续前行，那么，余下的只有一条路——继续练好"童子功"。

　　童子功指童子时期所练下的基本功。我无此功可言。在"后童子时代"，不停下"练功"脚步，是必然选择。于漪先生说，她一辈子做教师，也一辈子学做教师；李吉林老师说，她是"长大的儿童"。练"童子功"是毕生的功课，也是我余生的使命。

　　虽然比较感性、随性，但更多时候我是比较认真的。听广播，很在意揣摩播音员发音和诵读技巧，普通话水平不断提升，后获一级乙等证书。没旁人在时，常常放声读书，抑扬顿挫，铿锵有力，以至于现场拿一篇新文章，无须准备，就能顺畅、准确和有节奏地读完。上《屈原（选段）》，和学生分角色朗读，我读屈原部分，仿佛化身为主人公，唇齿之间，把他的一腔激情和"离骚（遭受挫折与苦痛）"的形象淋漓尽致地抒发和演绎出来，赢得学生喝彩，后在县教师艺术节活动中进行这一段朗诵表演，获二等奖。经常琢磨、练习演讲技巧，原来不敢在众人面前吱声，现在面对许多听众，也能侃侃而谈。

　　有一段时间，心心念念想考研究生。这在当时的农村中学，是人们很少想的。于是，学习《许国璋〈英语〉》，背了很多单词，达到基本能读懂不太难的英文作品水平。虽说是"哑巴英语"，但至少拥有了一点儿"跨文化"学习与沟通的能力。还有一段时间，我特别痴迷古典文艺美学，并想以此为研究方向，因此读了一遍《文心雕龙》，把手头有的朱东润、郭绍虞、胡经之等名家所写或所编的书都读了。研究生没考成，而相应的准备不会枉费，我后来文本解读能力较强，不能不说，这得益于考研这个没有实现的梦。

除了诗歌，我几乎尝试了所有写作体裁。自认为，散文愈写愈有味，对小小说的一些构思也挺自得。虽说后来没有坚持写下来，但写下水文的能力却进步较大。其实，感性创意和理性创新完全可以"破壁"。我能在论文上做到要么不写，要写就要努力想人未想，力图让人耳目一新，这与我创作时的思维特征有内在关联。一个完整的人，如果在感性思维上时时履新，在理性思维上也往往不会墨守成规。

有些基本功是不可或缺的。譬如，"三字一话"。教师应强化钢笔字、毛笔字、粉笔字和普通话等教学基本功和教学技能训练。这些是教师示人的第一名片。在这些基本功方面，我不算高手，却肯定能在学生面前为自己加分。现在许多新教师普通话还不错，字却奇丑，有人调侃说是"蟹爬""一堆干巴巴的火柴棍"。如此，学生在看扁教师之余，或许也会如"乃师"一般，写出丑字。这多少有误人子弟之嫌。

有些基本功是情随境迁、适需而生的。成为教科研人员，必须拥有作为专业研究者的一些功力，我却没有。过去发表的一些成果更多为自悟而得，缺乏必要的方法和规范意识。这些要从头做起。为此，我狠下了一番苦功夫，读了几本教科研方法的名著，渐有开窍之感。当然，对此最好信而不迷，倘若完全照着做，一是才力不逮，二是可能邯郸学步，所以，应注意摸索和创造让更多教师"跳一跳，摘得到"的研究方法，或者对那些高端方法做降格、简化和通俗性处理。

我主张多做简明、利落、有效的研究。后来积累写成一本教科研方法专著——《今天怎样做教科研：写给中小学教师》。不少老师说，他们是看着这本书走上教科研之路的。我所做出以及呈现出来的理应就是吴康宁教授所说的"友好方式"吧。它使理论与实践相向而走，融为一体。目前，该书已经是第三版，印数超 10 万册。

基本功有很强的吸附性和转化力，如果较为厚实，对新知往往能快速悦纳，并吐出新的和优秀的能力。随着社会发展，曾是奢侈品的一些能力和素养如今却成为人们必须拥有的童子功，比如信息技术等。这些我勉强赶得上，而愈益觉得亏欠的则是传统文化底蕴。现在，无论是研究，还是表达，使我产生卡顿之感最多的就在这里。我决意于终身成长，期望之后能用大块时间为自己积淀传统文化底蕴。

成长型教师有一个重要标志——不时产生本领恐慌。美国有学者把人的学习区域分为由里到外的三个圈，分别是学习区、恐慌区和舒适区。我常居学习区，亦偶涉恐慌区（暂时为自己力所难逮或难以胜任的区域）。恐慌之后是舒适，也唯有恐慌才能滋生更大也更深的舒适感。这时的舒适感其实源自较为充盈的底气、较为丰富的底蕴、较为美丽的底色。终身成长的人理应不断修为，积淀和拥有如此的底气、底蕴和底色。

"长城"永"仰止"，基座须夯实

有老师曾在人们面前说我"纯"。我不敢说自己没有受过污染，却敢讲，自己常常"警惕着自我天性中的渣滓"（易卜生语）。

陶行知先生说，要"把自己的私德健全起来，建筑起'人格长城'"。对于"人格长城"，我自知距离甚远，它为我所永远"仰止"。但我自信有着比较坚实的人格基座，还有一点儿道德洁癖。譬如，不允许自己不诚实，诸如请他人代笔、抄袭论文之类的事情绝不会在我身上发生。不会损人利己，或以邻为壑，偶尔有和别人生气甚至金刚怒目之时，但绝不会在背后捅刀子。

人格基座其实也是一种基本功，抑或说是更重要的基本功、更重要的米。人们常说，身体是1，其他都是0。其实，何止身体是1，基本的道德、人格也是，抑或更是。在我30多年的教育生涯中，也碰到、见过一些因为缺了这个"1"而未能得到应有成长，进而使人生遭遇多米诺骨牌般相继坍塌的事情。极端的例子不举，只说两个"失意人"。

有一年参加中考阅卷，一天，学科负责人请我和另外两位青年教师晚上到他家小聚。我们三人来到商店，想买点儿伴手礼，其中一位不肯出钱，这倒罢了，待得到了负责人家门口，却非要提着礼品不可。他是县里同行中出道很早的人，而待我等一些"后进"纷纷评上较高职称和获得一些荣誉时，他还基本停留于若干年前的那个水平，许多人和一些机会都绕他而走，远他而去。

一位青年数学教师在职攻读教育硕士，她把写成的论文发给同组一位同事，请他指导。这位同事在她不知情的情况下，截取论文核心部分，以自己为第一作者投稿发表，理由很充分：这样更会受到编辑重视。论文作者气不过，把这件事向学校和上级报告，使他好一阵子都灰头土脸。

钱理群先生批评当今一些人是"精致的利己主义者"，上述两者可谓毫不精致的极端利己主义者。"群众的眼睛是雪亮的""天地之间有杆秤"，一旦陷入极端利己主义的泥潭，一旦做起类似的糗事，还能在大庭广众面前，把自己精致地包装起来吗？

基本盘往往潜在而强大。它不是固定的、守恒的客观存在，而是可变的、发展的主观能动；不是代代相传、可以一劳永逸的传家宝，而是用进废退、需要不断赋能的发动机；不是唯知识或唯技能的无情物，而是建基于人格、完善于品德的综合体。总之，它也是教师从事教育教学实践活动的核心素养。

三、油——迷恋"我们"的成长

"自爱"是"自知"。在世俗化社会中,保持一点儿知识分子的清高无可厚非,但绝不可以一味地"膨化"自己,做"自诩为太阳的尼采"。自大了,必然"小(小视)他""远他",必然导致行为的离群索居,心里的苦闷怪僻,工作的孤立无助,事业的裹足不前。我常说,"我知道自己有几斤几两"。因为知道,所以不自轻自贱;也因为知道,所以能容人学人,在无形中拥有了良好的人际、生活和工作氛围。

——《用"自爱"为心灵"增容"》,
《幸福的"芭蕾步":冯卫东教育随笔选》第13—14页,
南京大学出版社2005年版

油,让我想,第一想到石油,一种能源;第二想到一些人是老油子,油腔滑调,油里油气。或许只有在"开门七件事"的特定语境中,才会想起它的"油性"(比如润滑油的润滑能力),进而想到人与人、事与事、人与事等之间的润滑。套用巴金先生散文《灯》中的一句话,我们不是单靠吃米活着。我说:"我们更不是单靠吃油活着。"可人是一种社会化的动物,如果没有彼此之间的某种油性,缺失润滑功能,那么，就会或者孤立无援，难成大事；或者互相倾轧，因耗而衰。就像一部机车，既要有车身这个硬件，也要有汽油、电力这些能源，还要有机油这一独特的润滑剂一样，群体也需要有那些有利于生成"亲、助、和"（李吉林语）之人际生态的润滑油。没有润滑油，或者虽有而品次质劣，机车必定趴窝，即便走也走不远。人如此，事亦同理。

大气平和，心向往之

　　在《师道》杂志时，因为我主张平和的风格，所以有人说我编的稿件战斗性不强，火药味不浓，不能制造轰动效应。没错，我一直认为大叫大嚷可以暂时泄愤，却解决不了真正的问题。与其大声责难，不如悄悄地帮助与引导。于是，许多文章一到我手里，就惨遭修改……那些嚣张的、偏激的、过火的文字，总被我改得绵里藏针，轻易不出格。是那么个意思，但就是让你看了跳不起来，骂不出口。但有一个人例外，他就是冯卫东老师。无论是《想起了陈章良和陆步轩》，还是《学校：不能成为"人生苦难的起点"》，那种不温不火、娓娓道来的耐心与沉稳，那种既明世事艰难又不失希望与努力的平和，那种看得明白、思得深透却又坦然的执着，深深地引起我的共鸣……这正是我想要的。没错，只有这种从容的心态，才能真正发出理智的声音；只有这样的手，握上去才是真的温暖；只有这样的教师，才能教出真正大气的学生。

　　这是十多年前《师道》杂志编辑部主任田爱录在教育在线网站上发的一个帖子。我曾在该刊发表过多篇教育随笔，田老师对我偏爱有加。

我的文字一直以来都比较平和，这既是因为自己底子薄、水平不高，也是由于长久以来逐步积淀和养成的、总体而言较为平和的个性与品格。

在大多数时候、大部分时期，我是平和的，即便是本应激情燃烧的岁月，或者说，本该不太平和的日子。这指的是我的青年时期。在一篇自序中，我写道："流年似水，转眼将届不惑，有时闲下来，盘点自己走过的路，竟莫名想起'平、上、去、入'四个字。它们似乎成了我个人性情、志趣以及一段成长历程的写照。"

这里只说"平"。平和、平淡、平实、平凡，等等，似乎一切与平有关的词语都与我有关。平和，使我即便取得一点儿人无我有的成绩，也不会俯视别人。因为平淡，我很少去争，去追求所谓的圆满，到现在也没有能成大器的迹象。平实，使我做不来表里不一或者花里胡哨的事情。平使我少了棱角、锐气、闯劲儿，但同时也使我渐渐远离了墙头芦苇的轻浮和山间竹笋的空乏。从小到大，我一直处于自然而然的成长状态中，性格较为散淡。初为人师，便以"淡泊以明志"作为座右铭。许多年后读一位作家的一篇文章，他批评有人在人生季节上有一种颠倒：年轻时不思进取，年老后却聊发少年狂。我也未能远离这颠倒的人生棋局，蹉跎了不少本该奋发图强的好时光。

人在青年时期是不宜太过平和的，有可能因此滑向平庸。在成为教科研人员之后一年多，我获得的专业荣誉还只是市直学校学科带头人。荣誉欲不足，难以激发强劲的上进动力，为此我错失不少专业成长机遇，错过若干关键期。于是，我不敢再像过去那样甘于平淡，一次次向自我发起挑战和抗争，凭着一种较大的加速度和较强的持续力，从这支队伍的后面一步步走到前列。2010 年，获评特级教师和正高级教师，成为南通市教科研系统的首个"双料王"。

一般情形下，我对人是很平和（谦和）的，因为出身贫寒，因而对弱势者尤其抱有一份深深的同情。譬如，招呼小区里叫不出名字的保安，我一律以"兄弟"相称。每天下班时，单位一位长我几岁的保安都会主动和我握手道别。当然，也偶有面赤气短、怒目圆睁之时，那是受了委屈、不平则鸣的。不过，这往往只是一瞬间，紧接着会用"何必呢"劝解自己，终于还是拗不过内心那个平和的自我，也是更为真实的自我。有的人看似很平和，心里却时时波涛翻涌，所谓"静水流深"；而我虽有"急湍甚箭"之时，可过了一道狭谷，便立马风平浪静。

说不清自己属于什么气质类型，好像各种气质类型都有那么一点儿：激情澎湃抑或冲动难捺时有之，沉思默想甚至半天无语也时有之，举棋不定因而错失良机还时有之。以个人的表达为例，我说话向来直率、坦诚，从不喜欢藏藏掖掖，因而有过一些语出即悔的情形；而在写作时，却几乎没有（让自己后来还能感知到的）片面化和偏激性。直率之人往往不甚平和，那么，它们为什么能在我身上对立统一呢？我想主要是因为，书面语是思考之后的结果，更能表达较为稳定和恒常的内心，传递内心深处真实的性情。

平和的一面在我的个性中无疑是占主导地位的。我喜欢平和、恬淡而不崇尚冲动、峻急，尽管后者我亦有之。我想说，平视才能看得久，平行才能走得远。我们常讲平等对话，不平等是无法对话的。而在一个缺乏对话机制与氛围的群体里，也不可能拥有和谐之气和润泽之象。

平和大气，殊为不易，我心向往之！

"鼫鼠五能"，且怍且荣

平和的人一般不大会剑走偏锋，而不偏激、不片面的人又似乎难以深刻。这么多年来，我先后接触了很多话题，并没有刻意地朝着一个精尖的方向钻研。有好心的专家和朋友提醒我聚焦研究，不要把面铺得太开，可我并未从善如流，而是服从自己的内心，服从自己的兴味。

有时反思自己的学问之路及成果，会想起古人笔下（《荀子·劝学》《大戴礼记·劝学》以及东汉蔡邕《劝学篇》中都有）的一种小动物——鼫鼠。它能飞不能上屋，能缘不能穷木，能游不能渡谷，能穴不能掩身，能走不能先人。古人说它本领多而不精，于事无益。我也有一些不大的本领，它们除了每每让自己乐在其中外，客观地说，却亦是有益于人的。

我能上课，虽然没能像一些名师那样把课上到堪称艺术的境界，但在文本解读、内容组织、流程设计、方法创新等方面，是有一些出人意表之技巧的。现在，偶尔有人请我上示范课，我亦乐意从命。不敢说自己精道，却敢说自己略微知道，可以化道为器（教学方法），由我手所出之器的背后自然有一点儿道的味道和意蕴。

我是语文教师。除了语文，我没有上过其他课，但也不时到语文之外的地盘看看说说，指指点点。学科知识我一般不敢妄议，而对课堂结构、教学策略、师生关系的处理等，不时发表一点儿观点，也能让一些学科教师折服。有时参与他们的备课活动，还能贡献两三点让执教者耳目一新的主意，付诸实施后也能如愿地产生令人兴奋的效果。我以为，自己的底气也源于积久渐成的一点儿"教学哲学"。有了它，更多人眼里会有的学科教学知识之界在我这里就淡了很多。

我在文学创作的河边蹚过水，常见的若干教育写作体裁都有涉猎，而在内容和题材方面，只要有所感，则常有所作。这么多年来，我先后在中小学语文教学、德育、教科研方法、教学论、教学主张、名师研究、学校文化建设等方面有所获，有的还写成专著。像这本书，或许可以称为"教师成长论"，即是我新近辟出的一片疆域。它看似是应邀而造的，实际上，其基因早已孕育和长成于过往的行迹与历程中。有一些内容是直接倾吐而出的，更多的则是，将一些先前或许零碎性存在、未曾有机联结的素材由于某种或某些理念而融为一体。

其实，作为一个思想者，我在某种意义上也是一种化合物。我亦能感受到这些年自我骨子里的一些升华，先前的鼫鼠或许已然成为一只向天而歌的云雀。

"鼫鼠五能"，使我且怍（惭愧）且荣（引以为光荣）。有时也想，自己为什么长成现在这个样子，固然是因为几乎与生俱来的率性和随性，也因为我长久以来潜在而又强烈的目的观。我想做的是应世的科研、应需的表达，而这也恰恰是作为一个从田野走出的教育科研人应担的职责，应有的作为。易言之，是真诚容人、积极润世的情感和态度使我尽力拓展自我的知识视界，继而引发了这多种或多元知识的互润与相融：在为己的同时，我也在快乐地"为人"。

聚成"我们"，乐在其间

这些年来，我参与了许多优秀青年教师以及一些名师的成长过程，提供了一点儿智慧，可是并没有建起一支受到教育行政部门认可的团队，这主要是因为我缺乏较为清晰而强烈的经营意识。优秀教师说到底是自我培养的，不必把别人的成长或成就写入自己的功劳簿。再者说，我虽无导师桂冠，却差不多做到"凡有所求，必有所应"，做到在乎每一条在乎的小鱼。

怀揣自度度人的诚意，我把一群本来与我无缘或者彼此之间也不相知相识的老师"拢"在一起。他们有的走得很远。喜欢儿童文学创作的郭姜燕老师凭着长篇小说《布罗镇的邮递员》获得"五个一工程奖"，如今成为儿童文学作家、特级教师；《倾听数学》的作者汤卫红如今是某知名大学附属小学副校长，在小学数学界拥有越来越大的影响力，我为他的这本专著写了长达六页的序。每次读这篇序，我都难免激动。我想，他面对这些文字时，应该也如此，当初我们一起研究时，他表现出来的正是一腔难以遏止的激情。

不敢说这两位卓越教师是我培养出来的，但他们成长成今天这个样子，与我所发起的"倾听教育"研究有着关联。易言之，如果没有我，没有"倾听教育"，他们肯定也是优秀的，但那定然是另一种姿态和风采。对每一个向我请教的年轻人，我都在力所能及的范围内给予帮助。以讲座为例，有的专家不愿把课件留给听讲者，而我常常是"讲一送几"。赠人玫瑰，同时也能让自己一身轻松，继续前行，而前行的又何止我一个人！

感动源自相互倾听，感动是一种润泽彼此的力量。我们做"倾听教育"研究，得益于日本著名教育学者佐藤学先生《静悄悄的革命：课堂改变，学校就会改变》一书带给我们的启示。佐藤学说，要追求的不是发言热闹的教室，而是相互倾听的教室，继而提出"润泽的教室"。"润泽"是一个很好的词，正如自度者方能度人一样，也唯有自润者才能润人。"自度度人，自润润人"，只有这样我与我们才能有不竭的动力。世上没有永动机，但人人要有恒动力。

四、盐——修得深沉，拒绝浮浅

> 韩愈说："气盛则言之短长与声之高下者皆宜。"经由阅读而蓄积起来的"气"越深厚绵长，我们到现场所能看到的技术水准和思想景深就越高、越远，发现与收获就越大。许多教师比较佩服我从看似寻常的课堂现象中迅速瞄准有意义的细节、生成有价值的微型研究课题的能力，赞赏我的直觉能力和顿悟水平。我告诉他们，这是由于自己读过不少书，思考过不少问题，所读与所见金风逢玉露，才产生了一些佳思妙想，偶然之中更有必然。
>
> ——《教师现场学习力：内涵、内容与生成条件》，
> 刊发于《福建教育》2018 年第 2 期

把个人的教育生活与"开门七件事"联系起来，用的是隐喻。隐喻往往有多义性，这又包括两个方面，一是一物寓多义，一是一义寄多物。盐最容易让人联想到酸甜苦辣咸。有些成就的人总不免会遭遇这"五味"，总会体尝到生活、工作、事业和人生的苦、辣与咸。

在这一篇里，我由盐水选种想开去，谈谈把精神世界修成一颗较为饱满因而"深沉"之"良种"的一些感悟。有经验的农人选种时，把谷物倒入盐水缸中，那些瘪谷自然浮起来，沉下去的谷物才是他们需要

的。教育犹如农业，教师犹如农人，我们也要在自己的心灵之缸内沉淀出精神的良种。它不仅将在个人的生命中结出果实，还将于学生的心田里绽放满目的芳菲。

宁学清溪浅，不作泥沼深

深与浅总是相对而言的，如今的我肯定比五年、十年前深一些或深很多，但与更富深度的人相比，与我所系的职责或使命等相比，终究是浅的。我知道，自己一辈子都难以逃出知识、精神与涵养的浅潭。我能做的只是，努力让这浅成为"有深度的浅"。

先说说我与课题的那些事。对教师，包括教科研人员来说，课题研究应该是很见深度的。深处自可冷暖自知，而于深处露浅，则尤能显其浅。

成为教科研人员前，我从未参与过课题研究，现在却要负责这一块工作，难免吃力。参加相关活动时，我都认真备课，努力从学校提供的信息、资料中看懂一些实质的东西，悟出一些基本的道道儿，然后发表若干点评意见。不必讳言，我也曾在没能闹明白的概念之间兜圈子。可昏者焉能昭人，很快便发现听的人云里雾里，我意识到再也不能这样过，必须用自己说得清、别人听得明的话来表达，于是话风发生了很大的变化。我不掩饰自己的浅陋，有时利用质询的环节，直接向对方请教。我常对相关老师说，至少在这个课题涉及的领域，你们更可能是专家，我是抱着真诚的学习态度来的，我的一些意见仅供参考。

后来，学着做课题，写申报书时，我忽然意识到，要填的"主要观点"即是人们常说的"理论假设"，我为这一发现而兴奋，并立马打电话向一位县教科室主任请教，在他那里得到确证……"不知为不知"，不知的领域永远大于已知的区间，我不怕暴露自己的不知和浅薄，愿意从小学生做起。

没有人生而知之，也少有人学而不知（没有知识的长进），后来我对课题研究愈发了解、熟悉，有了一定的发言权，仍然不愿做高高在上的专家。我意识到，专家要警惕自己的影响力，专家说出的话未必都是对的，也未必符合研究者的实际和需要。

有一次，跟一位博士一起参加一项重点课题论证，这位博士从严格的学术规范、学理要求出发，把一份开题报告批得体无完肤。主持人很尴尬，怯怯又心有不甘地说："这课题可是专家们评出来的呀！"这件事使我心生感慨：明摆着的事实是，很多主持人非常认真地写着压根儿不准备认真去做的研究方案。既然如此，那么，对方案文本，或许就无须做太多的学理质疑和学术考究，不如给当事人一些建设性的操作建议，让他们更加清楚，可以做些什么，又怎么去做，等等。

学术或学理的东西真不是一线教师擅长的，不宜严于"律他"，勉为其难，而在"做"中让部分愿景得以落地，总比把它整个儿地悬在那里、晾于空中要好。让学术或学理适当地落地到具体的操作行为中，或许反而能兑现其内蕴的一些价值。

我把这些想法概括为五个"做"：高题低"做"，远题近"做"，理（理论）题行（实践）"做"，虚题实"做"，难题易"做"。然后，在市县两级教科研人员那里征求意见，得到很多人赞同。这样做是换一个角度看问题，实事求是，与现实达成必要的妥协——我把"妥协"解释为"妥善地协调"，它可以推动现实有所前移、前进，这不正是科学精神的另一种表现吗？在科研造假之风劲吹不衰之时，尽可能"深入"（占有较多理论，形成较强理性）一点儿，而后又能"浅出"（加以浅易表达，实现浅近提升），何尝不是一种力所能及的改变与改善！

越是到后来，我越不赞成（规划）课题的申报实行大众化。有很多课题开题和结题时挺热闹，常常以某种形式完成某种仪式，唯独缺少应有的过程；有一些课题故弄玄虚，搬出或炮制一两个时髦语词（这样做更容易获批立项，而那些名称老实巴交的课题很可能被秒杀，接下来获批立项的课题则被高高挂起）……我有些厌倦这样的教科研生态，有时甚至有一种无可奈何的压抑或窒息感。那时还年轻，也有冲劲，想能不能闯出一条新路，让更多教师由此获得一点儿红利。

恰好辖区内一个县一所农村小学开展微型课题研究，搞得风生水起，县教科室以此为典型，在全县中小学推广他们的做法，而后又到市里交流经验。这种研究"短、平、快"，教师容易上手。我何不顺水推舟，在全市范围内推开？仅一年，燎原之势初成，各地都响应起来，全市教科研局面为之一新，也引发了更多地方、学校和教师的响应和跟进。

当时，普及性微型课题研究可谓新生事物，人们大多处于摸索状态。作为负责人，我必须蹚出一条路子，探出若干方法，给出一些示范。我决计把精力主要放在课堂，聚焦其中一些细节性问题，再就此适当地往宽处拓展，往深处挖掘，研讨和解决与此相关的一类或一系列问题。

俗话说，"打断骨头连着筋"，所有细节其实都是整体的一部分，联结着细节背后或远处的很多事情、许多方面。我在一位小学语文名师课堂上捕捉到她等待学生的、别具意味的镜头，进而写下"'课堂等待'问题研究"课题，后来有机会跟很多地方的教师"以例说法"，分享心得，由此形成一场影响不小的蝴蝶效应。有教师在此基础上申报省级教科研规划课题；有教师以此为核心和突破口，把许多教学理念、因素等编成一张关系图谱，再各个出击，一一研究……

由浅入深易,"就深论深"难,把起点定在眼前、脚下、溪边、浅滩,谁能说目的地不可以是大河、大江、大海呢?

我想,看上去以为浅,实际却深,或许才是真正的深,是有内涵和有境界的深……

让心灵多"呆"一会儿

谁在细水微澜中看见巨涛的潜伏,谁在草蛇灰线中发现运动的痕迹,谁在悄然静态中察知动态的趋势,谁在显性现象中觅到规律的隐踪,谁就是敏感颖悟的人,谁就是预见潮流的人,谁就是智慧多多的人,谁就是领袖群伦的人……与其说,我们呼唤教科研行为的创新性、时代感,毋宁说,我们期待教科研实践活动能更加敏感,能富含敏感性。

钱理群教授谈他的导师王瑶先生,说他极富才情,也极度敏感,一天花几小时读报纸,从中分析各种形势、动向,还伴随着对自己及周围人命运的种种揣想。结果是看得太透,什么也不想做了,年轻时一年一本书,到后来写不出来,临终前,反复叮咛学生不要再分析了,不要再瞻前顾后,应沉下来做自己的事。

这是我所写《教科研要兼具敏感性和"钝感力"》(发表于《江苏教育》2017 年第 14 期)一文中的话。

我算是一个较为敏感的人,后来愈发感到,行色匆匆的观察、浮光掠影的思考和点到即止的研究,充其量只是一种浅度的聪明,这不是一个有追求的科研人应有的状态。于是,在继续磨砺敏锐触角的同时,我更注意涵养坚持的定力，用日本著名作家渡边淳一的书名来说，这叫"钝感力"。在作家笔下，钝感力是一种隐忍、包容、专注的处事风格。就研究者而言，它是真正进行研究、进行真正研究并使其服从、服务于实际工作所不可或缺的一种耐性、一种毅力。较强的敏感性可以使研究常遇触媒，频获启发，拥有资源，建构基础；而较强的钝感力则有利于凝神聚力，精进钻研，由表及里，走向深入，以有涯的精力在无涯的源头活水中掬取极优质也极解渴的一捧，润化研究行为，滋养教育生命。

不是所有的教育旧话或老题都必须为我们所搁置，存而不议，朝花夕拾式的研究也别有风味、意蕴和价值。教育事关众多，纷繁复杂，但常识性的东西无非就那么一些，把它们弄透、履实并适当刷新，便是很好的、上乘的教科研。十多年前，一位县教育局局长跟我说，如果把"七五""八五""九五"课题翻出来，一定会发现，有许多我们实际上并没有做好，仍然大有研究之必要。前不久，看到一篇用遗忘规律指导学生进行文言文记诵的文章，其中还用了对比实验、量化分析等手段，较为熨帖地得出几点结论，让人很受用。这类研究太少了，一线教师的研究理当如此——回到事实，回到地面。

不是所有的教育信息或理念都能被采用，并立马转化，助成我们转型升级。认识一位外省专家，他几乎每一天乃至每一刻都能捕捉一些新的教育资讯，然后很快整合出一个东西。它们不无价值，可对一线教师的作用却有限。南通"二李"（李吉林、李庾南）则不然，分别用了近40年，持之以恒地实践与研究情境教育或"自学·议论·引导"教学法。她们既是开放的，也常处于"屏蔽"状态；一方面"转益多师为吾师"，另一方面则埋下头来，专心致志做研究。不得不说，钝感力在其中功不可没。

我确乎没能像"二李"那样一生只做一件事，而是在数个具体的领域有所涉及，有点儿成果。现在想来，那其实也有必要，也有价值，在教科研上，自己毕竟是半路出家，先要对相关的一般性或普遍性问题做些了解，这其实是为后续的专业研究夯筑较宽的地基。当这地基初成后，我则由不自觉走向有所自觉，将研究精力更多地锁定两个方向，一是"倾听教育"，一是教师的教如何促成学生的学习真正发生。两者其实是深度关联的，前者也可以视为实现后者的一条重要途径。

以后者为例，我曾较早地关注"高效课堂"，积累了许多现场案例。后来发现，高效未必等于优质，单纯以效率为矢，有可能以近害远，不利于学生可持续发展。再则，它指向的主要是教师教的行为，未能触及以学为中心的教学本质，终有隔靴搔痒之嫌。于是，我一次次微调研究方向，逐渐转向"真学"的问题。学生是怎样学习的，这是一个黑箱，凭我的能力还无法打开，那就要有学习科学方面的坚实理论根基。为此，我一方面跟在李吉林老师后面，向华东师范大学高文教授团队学习；一方面置身于教与学之间的地带，兼顾两者，思考和探索"优教促优学"的命题。上述"转向—对标—发力—晶化（沉淀和提纯经验，创造实践性理论成果）"的历程，经过不下于三千个日子，可谓"十年磨一剑"。2018 年捧出专著《为"真学"而教：优化课堂的 18 条建议》，产生良好影响。

感谢钝感力，它使我没有迷恋追风赶潮，什么时髦说什么，什么吸引人（抢眼球）就做什么。我关注和研究的说到底还是古即有之、现今仍在、来时永存的一对矛盾——教与学。当然，在不断掘进之中，肯定也涉及一些新区间，我从中收获渐行渐远、且做且新的乐趣。有一天眼前一亮：为"真学"而教，就是在为关键能力而教，为必备品格而教——为核心素养而教！原来，核心素养之于我，并非远在天边，而是近在眼前！

敏于事者捷于研，钝于"变"者精于研。如果说，"捷于研"是我通过研究实现专业快速拔节时期的行为特征，那么，"精于研"则是提升研究品质、实现专业精进时期的应然追求。前者是后者的基础，后者是前者的跃变，它们相得益彰，也相辅相成。在今天有点儿浮躁的教育空气中，很少有人愿意如孔夫子所云，"吾道一以贯之"，潜下心来，就一个名号也许不太响亮、形式也许不够炫目的问题进行长期、深入研究，而这样的研究恰恰才最有生命感，最具"度人力"。

有句电影台词，"让子弹飞一会儿"。我想说，让心灵多"呆"一会儿！

用儒雅的气质"对长相负责"

我想成为一位优秀的教师、一名优秀的学者。除了外界因素的影响，在主观世界里，我有着比较强烈的意识——"换一种面相"去立身处世。譬如，要以较为热情而不乏谦卑的姿势倾听他人，以亲切而温和的话语与人交流，以善解人意、与人方便的行为营造融洽氛围，等等。

再后来，我渐渐拥有了一些"被人学习"的机会。这时，我比较注重外在形象、谈吐、说话的语调和节奏。虽然因为小时候以及青年时期缺乏必要训练与良好培养等，有时难以藏拙，不免露怯，但总体上是有长足进步的，个体精神世界确乎"换了人间"。教育人和教育学者理应也要以面相示人，以气质教人，而这面相或气质里面，总要有一些"儒"的成分和"雅"的因子。

儒雅意味着或等同于深刻和沉稳。它看似是外在的一种表征，实则深藏于骨子里，是装不出来的，唯有向内沉潜，才能向外飞扬；唯有腹有诗书的内化于心，才有"我气自华"的"外化于形（行）"。我以为，儒雅的气质是从饱满而深沉的精神种子那里长出的叶、抽出的穗或开出的花、结出的果。修养儒雅气质，必须从心灵深处开始。

我们需要更多学习富含优良营养和内生力的知识；需要善于化他知为己知，善于在知识之间实现越界和破壁，增强综合学习、综合运用的能力；需要有博览广纳、多汲精取的胸怀，从"教材是我们的世界"走向"世界是我们的教材"……唯有如此，我们的心灵才能变得深邃，我们的行为才能远离肤浅与浮躁。

五、酱——因酿而鲜

> 我们要怀揣问题意识,去面对和走向每一天的教育生活,其间一定蕴含着大量若隐若现、稍纵即逝的意义。对此,我们要有敏锐的嗅觉,要有一定的洞察力,要穷追不舍,打破砂锅问到底。然后静下心来,对它进行咀嚼、玩味,进行理解、阐释,此时应有一种恍然大悟之感。在这样的过程完成之后,生活的某种意义便会浮出水面,呈现在眼前。我们或许还可以由此获取一些"附加值"——对教育问题的理性的而非纯粹感性的、理论的而非纯粹经验的思维、思想。再以这些思维或思想观照自我或他人的教育行为,你会感到,它不仅适用于一人、一时、一事,还适用于更多人、更多时候、更多事情。
>
> ——《在心灵的漫步中回味生活:谈教育随笔写作》,
> 《今天怎样做教科研:写给中小学教师(第三版)》第11页,
> 中国人民大学出版社2019年版

饮食文化研究学者赵荣光认为,中国酱是以大豆为主要原料制曲,经酶变加盐等基本工艺制成的发酵食品。"酱熟",指最初的大豆及其中各种佐味材料变质成一种新的食品。宋代陶谷在《清异录》中记载了古代各种美味佳肴，而认酱为"八珍主人"。多物因酿而生新质，新质尤为鲜美，由此可以想到：其一，我们要努力做到博见多识；其二，要使所见所识不是彼此割裂、分离，而是相互融通，共同作用；其三，只有在融通与作用中，才能有创新、创意和创造，我们的教育也才能永葆芬芳和鲜美。

制酱要有酱缸，不断生成教育的新质当然也要有器皿，那么它是什么呢？可以多种多样，而九九归一，则是思想所寓之大脑。头脑风暴就是思想在酿造，或者说，在酿造思想。

"我的大学在心间"

2005 年，刚走上教科研工作岗位的我就向李吉林老师学习，曾有两年时间在她手下工作、研究。李老师 1956 年从南通女子师范学校毕业，成为一名小学语文教师，出于多种原因，后来一直未能参加学历进修，因此，一辈子的最高学历为"中师"。她说她的大学在小学，意思是，在小学校园里，在一线工作岗位上，不断自学、自修，读了不给学历文凭却自赋强大学力的"大学"。这所大学既是虚拟的，又是厚实的。

我读的是南通师范专科学校，全日制学历是大专。大专是大学专科，理应也属于大学，但很多时候，人们说大学，特指本科及以上高校，而大学学历一般专指本科学历，不包括大专学历。所以，即便到现在，有人问我："你是在哪里读大学的？"我都有点儿不太自在的感觉，隐隐觉得，母校好像算不得大学。我是在自学中完成大学（本科）学历进修的，取得文凭后，因为囊中羞涩，而要参加学士学位考试需花上两百元，所以没有继续参考。差不多 20 年前，我在苏州大学范培松教授领导下，参加高中语文新课程配套教材立项申报工作，一起共事的大多是博士生或博士后。有一次，我和他们开玩笑："你们都是博士后，而我却是'学士前'。"

李老师"在小学里读大学"，我也可以说是"在中学里读大学"，后来则在教科研岗位上"读大学"，当然，也在流水般的日子和寻常生活中"读大学"。教科研机构是人才高地，起初，我确有先天不足、才不配位的恐慌感，猛下过一番硬功夫读书，头5年读了不下300本教育名著、优秀图书，打下了来得有点儿迟的"童子功"。书读多了，脑海里无形中形成一张日益坚实、强大和畅通的知识之网，各种过去苦思冥想也无法触及、不能迸出的思维火花纷纷喷薄而出，到后来，即便不在读书中，每每遇事、触景，也都有一些思绪或灵感翩然而至。我随手将它们记录下来，更多以我称为"事理随笔"的形式加以表达。那几年，先后有数十篇见解较为独到的优秀随笔发表于各种教育媒体。如今回看这些篇什，它们是可以拼合出一幅独属于自己的思维图景或思想地图的。而从另一个角度看，这些也是自我日常进行思想练习、学术训练的一些成果。

学者也应该是行者。以我的角色身份，自然少不了各种各样的行走。不久之后，我有点儿厌倦于常常东奔西走、"羁旅行役"的状态，也不再热衷于去听各路各类的专家报告。有时反思自己是不是变得有些保守和僵化，为此还不免纠结，直至读了檀传宝教授《教育学书籍阅读的"三重门"》（发表于2021年3月24日《中国教育报》）一文，才释然。他说："21世纪以来，课程、教学改革风起云涌，一线教师疲于应付的任务之一就是无休止的教改培训……与其反复参与一些使人昏昏的专家讲座，不如静下心来系统阅读一些教育学教科书。倘使我们能够从课程、教学的原理上明白更多，我们对新课改任务的理解、反思、创造性实践，当然就会容易很多。"

是的，我对听专家报告有些漠然，其实就是因为专家所说大多不如一些优秀教育读物那么专业、系统、深刻和精彩纷呈，它们难以充饥，也不够解渴。阅读好书，其实就是在聆听真正优秀的专家、大师的优质言说，我原来并没有对他们闭目塞听。

英国作家伍尔芙说，当贪婪无度地吞食了各种各样的图书之后，我们就会发现自己的趣味有点儿变了，变得不再那么贪婪，而是更注重思考。这简直就是在说我。近几年，书读得不像过去那么多，除了视力不如从前等客观原因，也因为我变得越来越挑食。我要读精品、经典，要读能引发我更多联想、共鸣，能在我心里、脑中剧烈发酵的那些文字。无思想，不阅读；为思想而阅读。读书也是在读社会与教育，读人生和自我……阅读的身体姿态还如从前一样，而精神姿态却发生了巨大的变化——那是一个思想者的姿态！

"我的大学在心间"，每一个真正的思想者其实都是如此。我的心间总是处于酝酿或发酵的状态。尼采说，谁终将声震人间，必长久深自缄默。谁终将点燃闪电，必长久如云漂泊！我自然达不到那样的境界，但缄默确乎是我的常情，"漂泊（心灵的行走）"则是我的常态。我不奢望"声震人间"，也不奢望"点燃闪电"，只是享受这适于我的恬淡之中也不无孤寂的存在方式。总有一些人是这样存在的，如此这般存在的人越多，教育离理想国的距离将越近。

思考或思想是每一个人随时都可以走进和加盟的"心间大学"。

把"心间"改造成一间磨坊

"心间"真是一只好酱缸，它能将许多不同的原材料糅合起来，发酵而成思想和智慧的"新质"。我也把它比作一间思想的磨坊。

我是这间磨坊的主人，也是拉磨的驴子。我每日在拉磨——不，是在研究中收获一点点思想的醇浆。还是说教育随笔吧，它们其实就是用随笔的体裁写成的教育评论，我称为"教育思想的轻骑兵"。陶行知先生"四块糖的故事"是师德教育的好题材。在师爱之外，我更多地看到先生与"道德之爱"同样重要的"专业之爱"。"全员德育"的呼声越来越高，我指出它是"应然"（应当这样）、"实然"（不管教育者主观意图、实际能力等如何，他在学生面前都有一定的"育德"作用，当然其中也可能包含消极或负面的成分）的，也是难以做到和做好的。意在提醒人们，它不是无条件的，也不总是美好的，理性待之、理智处之甚有必要。"办好人民满意的教育"是时代强音，我较早据此提出"四问"（"人民满意的教育"是什么样的教育？它和"美好的教育"有怎样的关系？教育难以使人人都满意，如何处理其中的矛盾？"满意"之外，还可以有什么追求？），旨在对这一命题进行适当辨正，使之更加趋于缜密，更能引领人们的思想。"卑之无甚高论"，聊以自慰的是，它是从我的心间琢磨或研究出来的，可能有益于当下一些教育思想的建设、发展与完善。

磨坊是生产单位。心间的生产方式无外乎学习、思考和写作。写作是最好的思考，思考是最好的学习。在这三者之间快乐拉磨，不仅能提神醒脑，还能让人不断提炼新思想。

做一只勤劳的"懒蚂蚁"

前面把自己比作一头拉磨的驴，这里又比作一只懒蚂蚁，因为我们对同一个本体，可以从不同方向、侧面和需要出发进行设喻。

"懒蚂蚁"一词，我是从邱华国校长《学校里的"懒蚂蚁"在哪里？》一文中第一次见到的。日本一个生物研究小组发现，在一群蚂蚁中，总有少数几只不像其他同伴那样辛勤地搬运食物。它们左顾右盼，好像在观察和研究着什么。而一旦失去食物来源或取食通道被堵截时，原先忙碌的蚂蚁们无计可施，"懒蚂蚁"却大展才智，把大家导向新食源，并使失控的秩序得以恢复。懒蚂蚁看似悠闲自得，实则在快速地运转大脑，属于勤奋的脑力劳动者，或者说劳心者。劳心者与劳力者没有贵贱之分，但从最终创造财富的多少等角度看，前者常比后者要多，他们的专业程度或不可替代性也更高。

我做普通蚂蚁多年，搬运食物为我的职责。不过，即使那会儿，我也不时从搬运任务及队列中走出来，观察和研究一番。后来，我还写过一篇文章，《做"懒蚂蚁"，也为自己出主意》，回顾了过去的一些事情。

无论过去还是现在，我都喜欢胡思乱想，也常有一些新想法，其中许多是被证明不合理或行不通的，当然也每每有一两个有点儿价值。喜欢想入非非，不时有点儿创意，懒蚂蚁的思维方式在一定程度上弥补了我根基薄弱的缺陷，也使我在猛练基本功、渐具底气后，能产生更多创意，并使创意的底蕴不断加厚。

最近几年，我逐步"生长"出一个新的"专业方向"——学校文化设计与建设。我设计学校文化理念，设计校园物型文化的大致呈现样态及其相应命名（如楼名、园名、道路名），设计校本课程以及课堂教学的品牌、范式，设计总揽学校主要工作的"大课题"，参与设计视觉识别系统……所有元素都从理念开始，而所有理念又都由校训派生，由此进行组织化构想、一体性表达，从而使学校文化犹如一曲乐章，使它能为学校各相关方记得住、带得走，并对其产生美好印象。

校训更多地从学校既有文化中归纳，理念系统的其他部分则由此向上推导，或向下演绎。比如，一所在农垦系统子弟学校基础上新建的九年一贯制学校，我们拟定的校训是"勤恳"（"恳"与"垦"谐音，校训的意思是"勤奋学习，诚恳为人"）；办学理念是"教育即耕耘，成人即陶冶"；办学追求是"将学校建成师生迷恋的精神家园"；师训是"把美的种子播撒到学生心田"；学训是"让天天向上成为生命的惯性"。"春华""秋实""岁稔""年丰"的楼名，200余米的二十四节气文化长廊，以及"勤恳教育""春耕课程"等设想，都给人耳目一新之感。

再如，新建不久的江苏省南通市通州区古沙小学，我以"沙"这一意象为突破口，做了以下设计。

  校训：我很小，我们很大
  师训：润砾成珠（意为蚌含沙后吐珠）
  学训：聚沙成塔
  办学理念：以披沙拣金的耐心发现美好，以炼沙成金的恒心造就新人
  学校精神：见微知著（郁达夫说，一粒沙里见世界，半瓣花上说人情），积跬致远
  学校教育（或文化）品牌：润成教育或润成文化
  校园物型文化建设的主题：讲好"润砾成珠"的通州故事

这个故事可以这样讲：学校所在地金沙（县城）原名为古沙，昔时有"古沙八景"，据此可以建设"新古沙八景"（此处"古沙"是广义的，指整个通州），有八个主题：沧海桑田（通州成陆的事实）、历史

余韵（如文天祥在南下途中曾经路过通州）、吾乡美土（通州新景）、物华天宝（通州特色物产）、江海骄子（当代通州名人）、碧血长虹（通州革命英烈以及革命故事）、俊采星驰（通州教育新貌）、"三好"新话（此为学校"母体"通州小学的教育美事，该校"新三好"教育实践活动曾产生过广泛影响）。最后，辟出一个较大的园子，主题是"心系华夏"，寓意为"从乡土情结走向家国情怀"。

一些校长称我为学校文化设计师，我的同事则称我为架构师，其实我更甘当懒蚂蚁。无论是懒蚂蚁，还是设计师或架构师，工作都是将劳动的结果预先"观念地存在着"，因而结果更可能成为艺术品一般的成果。教育是艺术，教育的结果也应该是艺术的成果。

设计或架构都有顶层思维的特征，而再高的顶层又都是从心间或磨坊出发的。

酱，因酿而鲜。酿更多的是指自我内心的活动。用佐藤学先生的话说，就是"与自己对话"，这也是一种意义充溢的沉默。当然，要制成鲜香的酱，还要有较长的曝晒过程。晒是为了后续发酵。还有，久酿不是目的，酿出鲜香的酱，再以此烹制美味佳肴，让更多人共赴知识聚会、思想盛宴，才能实现和升华酱的价值。且酿且晒，酿为了晒（分享、共用），晒后再酿，这不只是酱的生产工艺，也是教育思想、教学智慧等的生成路径。

六、醋——保持必要的成长焦虑

"自爱"还是什么呢?

是"自竞"。我有一句"凡人名言":"为别人比我好而快乐,为我比别人差而发愤。"与惰性搏斗,与自满抗争……渐渐走出"小我",也就渐渐能领略"眼高天自宽,景远心也阔"的意趣。

——《用"自爱"为心灵"增容"》,
《幸福的"芭蕾步":冯卫东教育随笔选》第16页,
南京大学出版社2005年版

在七件事中,与教师成长话题显得有点儿疏远、违和的要数醋了。醋,酸溜溜的,由此难以联想到教师成长的那些好事、美事,但能让人联想到嫉妒。教师中有少数可造之材因为嫉妒心理产生的负能量、副作用,最终未能较好地成才、成器。所以,淡化、远离乃至根除醋意,以积极向上的阳光心态、合群和谐的协作关系促成自己与他人不断进取,这是教师成长应有之义。

话说回来,许多事情、现象都有正反两面。适量的醋可以收到良好的调味效果,而过量了则让人难以下咽,倒人胃口,醋意亦如此。在别人取得较大成绩等情形下,我们内心略有一点儿失衡,有一点儿焦虑,而后奋起直追，也做出与他们同样或者更大的成绩，这时和这样的"醋意"不仅是"无妨（有）"的，而且是必需的。由此我提出，要保持和保有必要的成长焦虑。有了它，成长或许才有更大的可能。

适度焦虑是朝优向美的内驱力

嫉妒是一种复杂的心理，包括焦虑、恐惧、悲哀、猜疑等不愉快的心理状态。可见，由醋联想到焦虑是顺乎自然、合乎逻辑的。

焦虑是一种心理状态，适度焦虑无论是对学生的学习，还是对教师的发展，抑或对师生的共同成长，都有正面意义、正向价值。"适当程度的焦虑水平能够提高个体的警惕性，使其更快地知觉和处理环境中的潜在威胁，因此具有一定的生存适应意义"（彭家欣等《不同特质焦虑水平的选择性注意偏向》）；"给予学生一定的刺激，使学生具有适度的焦虑，产生一定的压力，是促进学生提高学习效果，更好地完成学习任务的必要手段"（郭晓峰、冯自变《论焦虑与学习》）；"适度的焦虑可以使学生达到适度的唤醒水平""使人调动起全身的注意力和一切防御器官，应付刺激，超常发挥生命潜能"（赵云红《生命与焦虑》）；"焦虑实质上是对成功的一种渴望，正是在这种渴望中，人们不停地敦促自己向未知探索"（《适度焦虑是成功的催化剂》）。还有人说，无焦虑，不成长。很多时候，我们的成长，特别是飞跃式成长，源于焦虑。焦虑像一个推手，或者是一股无形的力量，在逼迫我们前行。

张菊荣校长在《不让平凡的日子沦于平庸》一文中说，自己的团队成员"为了追求更好而产生的焦虑……转化为他们精神的营养，进而内化为向上的热情，让他们走向不平凡"。我也不甘沦为平庸，这亦得益于适度焦虑给予我的精神营养和向上的热情。无法想象，失此，我还能长成今天这个样子。

读小学时,班主任潘老师多次跟我母亲讲,这孩子一点儿都学不进去,不如把他带回家,免得在学校受罪。母亲没有按老师说的做,要不然,我毕生的学历就定格在那一刻了。成绩差,但我在心里没把学习丢到爪哇国。有一年,舅舅家盖房子,父亲把我带过去几天。既不用上学,也有吃有喝,比在家的日子好多了,可只到第二天,我心里就空落落的,想着落下了功课怎么办。虽说未能一个人跑七八里地回家,再去学校,可心里却牵挂着,总有种没着没落的感觉。

后来,我也对自己做过一点儿成功归因,确认它与内心常有的"不学习就失落"的特殊感受有深刻关联。如果打小我就是一个对学习无所牵挂的逍遥派,那么,就只能在读书上一无所成了。

师专三年,说不清自己是不是好学生,不是很自律,不够勤奋,也上演过闹剧。譬如,有一次在外吃宵夜,回校时吃了闭门羹,我翻门而入,外套被门内的一个大钩子挂住、撕破,幸亏同伴替我解了围。个人性格总体上比较乐观而外向,可又不时有一点儿淡淡的忧郁,不是"少年维特之烦恼"那种的,更多的是对自己精神不太振奋、学习不够努力现状的隐隐不满……我不是一个从小到大都好学的人,也有过许多次或长或短的懈怠期,好在之后被一股无形的力量牵引过来。说到底,这就是一种焦虑的力量。

人生道路总有一点儿曲折,心理也有一些起伏。入行三十多年,有些时期,内心真的如文学作品描写的那样,好像有两个不同的"我"在争执、搏斗,进取的我自然占了上风,可懈怠的我也每每不甘寂寞。所幸的是,懈怠不久,就会有让自己不禁流出"愧汗"的梦不请自来,于是又回到先前进取的状态。

1996年暑假前,我从农村中学调至县级中学。为此我执教的一堂课很有创意，恰巧来上课的正是高二年级中唯一一个"创新班"，师生配合度极佳，我得分最高，于是顺理成章接手这个班下学年（高三）的语文。50多个学生都是全县顶尖的，无论是知识储备，还是创新思维。我偶借金刚钻，却揽了瓷器活，心理压力特别大，备每堂课都用足功夫，可难免还是有因为底蕴不足而不能应对相关问题的时候，几乎每晚都做一场噩梦，无非是课没备好、被校长巡课发现或者自己找不到教室等一类情节。后来，我还写过一篇文章《鉴梦知得失》。这是我职业经历中最焦虑的一学年，也是教学上成长最快、最好的时期。送走这一届毕业班后，我长长地舒了一口气：自己在高中语文讲台上算是站稳了脚跟。

有压力，有焦虑，不自在，确可成为成人之道，但道不是目的，成人才是。进一步说，在成人的不自在中求得、享用大自在，做到成人也自在，才是我们更为高远的目标。所谓自在，即精神的解放、思想的自由和心灵的放飞。从一定意义上说，不自在也是为了自在。

少与人争，多和己比

焦虑是比出来的。

我对周边的、熟悉的或者关系较近的优秀者的态度是满满羡慕，几无嫉妒，坚决不恨。少有的嫉妒也不是因为他人比我优秀，而是因为自认为他人不比我优秀，却获得我亦欲得、可得、应得却不得的荣誉等身外之物。所谓嫉妒，其实就是对不公平、非公正现实的一点儿怨愤。当然，这其实往往是淡淡的，稍纵即逝的。有一点我很清醒：之所以未曾得到，说到底还是因为自己优秀得有限。

少与人争是我一贯平和的个性使然，也与自己日益信奉的"不争，故天下莫能与之争"等哲学观的影响有关。这对个人的成长而言，是利弊共生的。弊在于，它淡化了功利心，钝化了进取心，使我未能像许多名师名家那样早慧，而落得"小器晚成"；利在于，因为晚成，所以后劲或可持续性较强。

我遇见过一些早慧、早成者，而今或者为声名所累，或者参透世事，或者因俗务缠身，渐渐放慢乃至停下成长的脚步，他们终身的荣光也许只能记载在过往的岁月中。而我却从他们的身后走来，与他们擦肩而过，我将依然赶路，赶路中的新奇与快乐是我必将永远增值的财富。

这其实已经说到"多和己比"。

总与别人比，不免心累；常和自己比，才能"心胜"，"心胜才是真的胜"。

不比地位比内涵。我从农民子弟、农村教师走到今天的工作岗位，我很知足。此前我未曾汲汲于名利和地位，此后也不会精于计谋，为此而执着奋斗。我更多眷注内心精神生活的富足。

不比影响比作用。做地市级教科研管理者，多少拥有一点儿话语权。如果它能产生良好的影响，那么影响即是一种积极作用。这里所讲的影响是外在的声名，有人不惜渲染、放大甚至忽悠。我算得上是一个小有影响的专家，笃信"酒香不怕巷子深"，希望自己的影响是"产生"而不是"生产"出来的。在产生影响的过程中，我日益感受到我与学校、教师之间的双赢和共生。我对发生于其间的效应做过如是评估："没有我，应该不会增加一份缺憾；而有了我，则会增添一点儿动能！"

不比光鲜比充实。光鲜是在他人面前显摆的，充实是为己的。不过，换一个角度看，光鲜也是为己的，但因为要假托于为人的途径，所以不够纯粹。而充实则是少折腾，不浮夸，让自己好好活。

不比物质比精神。我不是一个物质的富有者，也不敢夸言是一个精神的富翁，但若要在两者之间选其一作为理想的话，我一定为后者投票。我越来越相信老子的话，"少则得，多则惑"，越来越趋向于极简主义，享受极简生活的不枝不蔓、干净利落，享受由它腾出的略有富裕的自由时空，享受在其中有所为有所不为的生活与工作，享受由此而带来的精神副产品与思想附加值，享受一种丰富的单纯。爱因斯坦说，负担过重必然导致肤浅。与物质追求结伴而来的过重负担导致的何止是肤浅，更是空虚和无聊。而在精神生活上，适当加压，则会使自己变得更有深度。教育者应该成为有"精神景深"的人。

与自己纵向比较，容易看到成长因而自信倍增。除此之外，还要更多地进行横向比较，即在多种可能的生活之间进行比较和甄选。这能让我们变得更加理性，更富有智慧，也更具诗意。而理性、智慧和诗意的生活，才是教育者值得过的可能生活。

站成"一棵长满可能的树"

米兰·昆德拉说，生命是一棵长满可能的树。人的可能性总体上说是与时俱减的，离退休之日已经不远，我这个年龄的人有不少正处于"等退"状态，同事多次和我半开玩笑地说："你特级、正高早评上了，还追求什么，歇歇吧！"我追求了吗？如果说我"追求着"，那还真不是一般的功利、世俗的物事、虚荣的东西，而是个人存在的一种更好的可能，是这种可能成为现实时走向和走到的一种自洽、自惬和自愉的境地。只要生命尚存，可能性是必定有的。几年前和成尚荣先生一起受邀成为一所学校的导师，发表感言时，成老师还说自己一切都有可能。正好年岁小他两轮的我，自然更有可能，也更有必要，站成一棵长满可能的树。

可能性是变量，是可以创造和生成的。创造和生成的最佳时机往往是一种较大和较美好的可能的实现。在有创造力的人们那里，可能性则是一只聚宝盆，也是一方息壤（传说中有生长性的土地）。

可能性的生长常常孕育在对可能性的把握和兑现上。以这本书为例，编辑约请我写，其实是提供了一种可能性。我应承下来，并努力写好。这时，我在教师成长这一相对陌生的研究领域里就撒下了许多可能的研究之因、发现之种。只要精力够，以后我还将捕捉和抓住更多更好的可能，不让它与我轻易地失之交臂。

可能性就在那里，从这里到那里还有一段较长也较为艰辛的路要走。要让那里变成踩在脚下的这里，我们则必须自我加压，自我赋能。

还是以写书为例，2017年，我的"为'真学'而教：从理念到行动"的报告产生了良好反响。我把课件发给一位编辑朋友，问他若以此为基础，写成一本书，愿不愿意出版。编辑很看好，鼓励我行动起来。我怕自己打退堂鼓，这种事情过去是有的，当年也曾准备好写书的资料和课例，但结果没有写出来。不是能力不够，而是意志不强。现在再看当时留下来、如今已然黄点斑驳并且发脆的几页纸，觉得殊为可惜。于是，我主动要求先订立合同，倒逼自己。后来如愿完成，并收到良好效果。对此，我笑称，要对自己狠一点儿。

有时要将自己当作对手，跟自己谈判，把那个松懈、怠惰的"我"降伏，走到"对方"这一边，结成一股强大的合力。由此，我还想到墩苗，它指的是在一段时间里，故意把幼苗边上的土踩实，暂时不给它浇水、施肥的一种做法，目的是让幼苗轻易吸收不到营养，逼着幼苗把根须扎向更深的地里。这真是，"哪里有压迫，哪里就有成长"。我们既是幼苗，也是农人。作为前者，要渴望成长；作为后者，要敢于施压。唯此，长满可能的树才能生机蓬勃，参天向上。

有一种调味品叫醋，有一种成长情即焦虑，有一种对抗力是自己，有一种进取性为压强（因压而强的品性）……当然，醋的功能只在于调味，如果我们的成长空间里充溢醋意——无处不在的焦虑和压力，那么，教育生活就会失去诗意，难以走远。如此，我们还将放大焦虑与压力，并向学生传导，学生生命的生机也将遭受扼制。

由此还想到"半瓶醋"，它主要用来比喻和批评对某种知识或技术一知半解的人。不过，从学无止境的角度看，我连半瓶醋都不是。但半瓶醋也可以晃荡（发声）的，问题在于，一是不要以为自己是满瓶醋；二是晃荡之时、之后或之余，还要不断地丰盈自己。

"你若满嘴食物，怎能开口歌唱？"让我们做永不自满的人！

七、茶——放缓脚步，等待灵魂

  教育是一种慢的艺术，相应地，教师专业成长理应也有其"慢性"，有其"生长性"。我们未必要为其"慢"而心存焦虑，也不必操之过急。"慢"是蓄势待发，它与"快"相反相成；"慢"也是一种静悄悄的沉淀和结晶，又与"厚"相辅相成。我们愿意看到更多同道由"慢"而"厚"，厚"得"（德）载物。

——《让专业成长有点"生长性"》，
刊发于《江苏教育报》2013年3月15日

  有句谚语说，让脚步等一等自己的灵魂；隋朝人王通说，"大智知止"……进与退、行与止、快与慢、积与发等是对立统一、充满辩证法的。在教师成长问题上，无论是我们自己，还是相关的管理者、培训人员、导师，都要努力做到进退有度，快慢合宜，积发相生。只有这样，我们的成长之轮才能稳定而长久地滚滚向前。

  《世界是平的：21世纪简史》的作者托马斯·弗里德曼在《谢谢你迟到：以慢制胜，破题未来格局》书中写道，在这样的一个时代，我们应该选择暂停脚步，用心反思，而不是惊慌失措或自暴自弃。暂停脚步并不是一种奢侈或迷失，而是一种行之有效的方法，能够帮助我们更好地理解周围的世界，更有效地参与周围的世界。因为你的迟到，我原先匆匆前行的脚步不得不停下来，等待你的到来。原先总是处于飞速运转状态的大脑有了一点儿空闲，去思考工作以外抑或沉入生活底层的一些事情与道理。原先只是为了供给能量，使自己能继续投入战斗而狼吞虎咽、食不知味，现在则可以慢慢地咀嚼、体味和享受一番，还可以煮上一壶茶，以悠然的姿态"与自己品茗"……高铁机车提速容易制动难——除了要善于提速，我们也要学会制动，学会在慢行的节奏中优化自己的灵魂。

如皋市有所学校叫李渔小学。李渔是明末清初著名戏剧家、戏剧理论家。他23岁前在如皋度过，后来回到原籍浙江兰溪，集资建了一座供路人休息、乡人休闲的亭子，命名"且停亭"。学校想建成以李渔及戏剧为底色的系列物型文化，其中有一亭，拟名"且停亭"。有人反对，说这与积极进取的时代精神不合拍。校长征询我的意见，我赞成如此命名，还说今后校本教研沙龙亦可称为"且停论坛"。

且慢，且停，进取的人生理应也有休止符：休止，常常是为了新的出发；休止，也不只是为了新的出发。

"吃茶去"，让线性时间空间化

我很少喝茶，却喜欢"吃茶"，并且吃出了一种习惯。

赵州禅师嗜茶成癖，他教诲弟子时有一句口头禅："吃茶去。"这是禅林法语，是悟道方式。赵朴初先生写有禅诗："七碗受至味，一壶得真趣。空持百千偈，不如吃茶去。"与其在那里不停地做事不出活，不停地读书却无头绪，不如撂下手里的活儿或书本，到一边去想一想，悟一悟，或许会豁然开朗，柳暗花明。

我较多地用随笔的形式"吃茶"。譬如，听一堂"我心飞翔"的主题班会，班主任让学生回忆过去的一些错事或憾事。一名女生说，初一时，课间常常和同学一起说闲话、遛弯儿，没把这十分钟用来学习和思考，为此很难过，并流下泪水。大家都为这位同学的懂事而感动、鼓掌，我却有一种别扭感：课间十分钟不就是让大家调节一下紧张心理，以利于后续学习的吗？为什么要为"浪费"一点儿时间而难过？"在一个世界里，儿童像一个脱离现实的傀儡一样，从事学习；而在另一个世界里，他通过某种违背教育的活动来获得自我满足。"（《学会生存：教育世界的今天和明天》）我们不希望儿童有着这样两个世界，或者说，不希望儿童的世界切分成这样两个部分。但为了这名难过的女生，为了天底下许许多多难过的儿童，为了他们在总体有些难过的心绪下或生涯中，还能拥有、享受一段并非难过的光阴，我们宁愿他们在学习的一个世界之外，还有获得自我满足的另一个世界。当然在后一个世界里，儿童会进行某种违背教育原则的活动，而这反而值得我们欣慰，因为，有些教育原则是值得儿童去违背的……

后来，我更多地引导教师们用微型课题等形式来吃茶。我写道："一个转瞬即逝的细节，一句无意或有心的话语，一场别开生面的对话，都可以牵出一个韵味无穷的微型课题。"以一节小学三年级语文课《鹿角和鹿腿》（统编教材）为例，课文出自《伊索寓言》。鹿喜欢自己美丽的鹿角，不喜欢自己细细的鹿腿，鹿角害惨了它，而鹿腿却使它逃出虎口。寓意是，事物各有其价值，不要因为它的长处而看不见它的短处，也不要因为它的短处而否定它的长处。短短40分钟，我们竟生成几个微型课题：如何尊重和用好编者意识，怎么用挑战性问题或作业来激活与拓宽儿童的创意思维或空间，怎样美化课后思考题，使其更能吸引学生，等等。

课文后有一道思考题:"下面的说法,你赞成哪一种?说说你的理由:①美丽的鹿角不重要,实用的鹿腿才是重要的;②鹿角和鹿腿都很重要,它们各有各的长处。"揣度编者的意思,应该是既要引领学生准确把握寓言原意,又要在此基础上鼓励他们有新见。

我们常说,要理解文本的规定性,还要有儿童立场。而编者意识同样是教学要考虑的内容,读懂它,才能教给学生他们应该由此获得的东西,因此教师必须用心用力地对它加以破译。此外,还应对编者设计的问题进行情境化处理。本堂课执教者呈现的学习任务单是:"学完课文,小猴子和小松鼠展开了讨论,你赞成哪一种观点?……"教师还配了小猴子和小松鼠活泼可爱的图片,这一下子就使上述思考题活起来了,也使学生兴趣倍增。

我建议教师让学生以该寓言的寓意为主题,以"我也做回小伊索"为题,写一篇寓言。朱金茹老师先让学生充分讨论,她再精心辅导,结果佳作迭现;而其他班几乎完全是学生自主写作,结果作品相对平平。这又引出一个新的微型课题:"如何处理'裸写'和导写之间的关系?"从细节性和个别化问题中抽象出具有一定共性色彩与覆盖性的概念与话题,即是微型课题可行的生成路径。只要研究好微型课题,不仅有助于解决某个具体问题,也有利于某类问题的化解。

经常吃茶的人一定不是一个劲儿往前赶的人。拼命赶路者,他的时间就像那条路一样,是单维的、线性的,也是不断缩短、折损和耗散的,而吃茶却能使单维的时间随着思维的发散与裂变而变得多维和立体。借用刘铁芳教授的话说,这叫"线性时间空间化"。人生、社会和教育都是存在于空间中的。当我们用心品悟空间的各种存在时,我们的心灵和思想格局就会变得愈发敞亮。人与人的"体量"之差是有限的,而人与人的"心量"之差则是无穷的,让我们在吃茶的生活中不断扩大和丰富心量。

成长是一种慢的艺术

要不怕失败。论文写作初期，我所写的文稿录用率很低，那时杂志社都有退稿，我就准备了一个布袋，专装退稿信。面对退稿，我从不退却，从中找寻不足，发现希望。渐渐地，退稿越来越少，约稿越来越多。

——王学东《由"煲汤"想到成才》

"不，我等太阳！"我愿如莫奈，用坚毅、执着和淡定慢慢等待，等待生命的阳光普照。

——陈铁梅《不，我等太阳》

要真正达到"看山还是山，看水还是水"的境界，是急不得的，必须经过较长时间历练，较多尝试支撑，较多错误"反哺"……这必然是在"慢"中渐渐变厚的过程。

——汤卫红《追寻专业成长的第三重境界》

从教22年，首次参评特级教师，绊倒在最后一个门槛上。与众多光彩夺目的师兄师姐相比，我的"成功"还没有到来。然而，我的"成长"却一日都没有停过，正因此，我才坦然和欣喜。"成"与"不成"不由我，"长"与"不长"全在我！

——范崚瑱《成长与成功》

四段文字都出自我主持的《教师专业成长的"慢"与"厚"》一组稿件，刊发在 2013 年 3 月 15 日的《江苏教育报》上。

理想的成长图式莫过于自始至终都快而不慢，可是做到这样的人很少，因为高原现象几乎是人成长过程中都绕不开的一道障碍，此时不由你不慢下来。当然，也可以把此时的慢看作在为后面的快默默地蓄气、注力。有的是先慢后快，有的是先快后慢，有的竟至于止步或退步。而一直都慢的情形颇为鲜见，因为他几乎就不成长，那就无所谓快或慢了。如此说来，先快后慢差不多是最不济的情形。

我见过一名工作才几年的教师，因为一次教学竞赛获奖机缘而恍若名师，到处"送教"，其后少有进步，未有所成；一名矢志特级教师职称的教师终于如愿，而后想尽办法调至机关，不再用功……稍加考察，就会发现他们有一个共同点：不愿在慢慢成长的过程中，让自己的专业底气乃至生命根基变得更加充盈、扎实。说到底，还是功利之辈、俗世之人。是的，能终身成长的教师都应该有一点儿脱俗的情怀。

从成功学角度看，我的成长期长了一点儿，直至 2005 年走上教科研岗位，此前整整 20 年，我基本上处于不太快的进程中。再一想，慢而无憾。其一，我的觉醒恰在不惑之年，这也算应了自然或人生的规律。其二，慢的全过程我都在行走。"不怕慢，就怕站！""慢慢走，欣赏啊！"我还得以欣赏一路变幻多彩的风光。也是这段漫长的"慢生活"使我后来的快进期有了较强的底气、后劲，犹如竹子的生长。其三，我"慢成"却是"真长"。记得 2003 年评市骨干教师时，有一个条件是两年内至少上过一节县级以上公开课。其他条件我都符合，唯独这一项不合要求。我在申报材料中明确说明，学校复核时，负责老师建议我把说明的话删掉，说其他方面的优势或许可以把它给"带过去"，明说反而成了一道硬伤。我决意不改，如实反映，后来也确实因此未能过关。从评委那里传来的消息说，公开课问题不讲，倒可以忽略它；既然讲了，想要模糊过关就不可以。我知道，荣誉评比是一环扣一环的事，以后我的"成功"因此推迟至少一个节拍，但我一点儿都没有为此而后悔。这就是我的个性：如果强不能以为能，对我而言得到的比失去的还要多。

与一些教师相比，工作三十多年，我的平均成长速度算是比较快的。先慢后快，说明我有成长加速度，增长的趋势没有变。说到底，这还是由自身较强的内驱力决定的。而一些先快后慢者，缺乏的正是这种内驱力。或者说，外驱力未能内化于心，一旦失去外驱力，成长就会熄火。

这和儿童的成长也有相似处，外压之下的成长难以持续，甚至会引发一股"反成长力"。有的儿童到一定时期甚至可能"看破红尘"，发现先前的"被成长"其实没有什么意思和意义。这是最可怕的结果。这会引起后续专业乃至人生的溃坝式塌方。

我不是一个意志力很强的人，没能做到面壁十年，也有过遇歧途、上错道和走回头路的阶段，但我坚定地认为，付出就有回报。正是因为过往有不堪回首之处，所以才倍加珍惜觉醒之后的成长岁月。

我的获得并不多，却常常有"获得感"。我想，成长中不断获得未必是目的，有时，获得感才是。在一定意义上，获得也是为了获得感，亦即一种精神体验、精神生活。作为知识分子，教师是要有精神生活的，还常常要为精神而生活。

在"捂·焐·悟·晤"中向规律靠拢

辛弃疾词云，"少年不识愁滋味，爱上层楼，爱上层楼，为赋新词强说愁"。教师是用心灵写诗的人，在其早期的教育生涯中，很难了悟有关教育或学生成长的"个中三昧"。这需要时间、过程和积淀。常常是在有了足够的从教时间、上了一定年岁之后，才能发现和参悟跟学生和谐相处并给予他们恰当教育的"门道"。教师的人生积累、经验积淀等一些看似无关教育的因素，也在其间起着潜在而又重要的作用。而一些教师就是在这时自觉或不自觉地停下生长或成长的脚步，凭着经验、靠着"老本"维持自己的职业生活，殊属可惜。

这段文字也出自我的《让专业成长有点"生长性"》一文。

煮茶需要工夫，心急喝不了热茶，不注意考察多种因素、多方面情况，一味地为成长提速，只能落得事与愿违的结局。这使我想起几年前看的一堂科学课，我在折服于教师让学习真正发生的匠心与技艺之余，根据教学流程以及自我理解，概括出四个字——"捂·焐·悟·晤"。后来我将自己的理解写成论文，写进书里，并称为"经历学习四字诀"。

科学课要让学生置身于真实的学习经历中，其他学科的课同样如此，而教师成长亦概莫能外。

绝大多数人在成长过程中难免有一个被遮蔽而难以明见的阶段。这个阶段往往要进行一些茫然无绪的尝试和摸索。无绪看似无效，但"此时无效胜有效"。这个"效"是慢慢生成的，因其自有根基而常能走远。此为"捂"。

尝试会失败，摸索将碰壁，这会引发成长之痛，也会勾起痛定思痛后的自我思考："怎样才能从痛苦中走出，走向一片光明地？"人们常称这一过程为反思。反思就是站在身外看自己。此为"焐"。

就像陶渊明笔下的武陵人，从"山有小口"之处进入桃花源，"初极狭，才通人。复行数十步，豁然开朗"。我们也将有那么一天或那么一刻，忽然有灵光乍现的状态，先前冥思不解的问题顿时明白了，并可能触类旁通。此为"悟"。

明白的东西未必是对的，还要敢于接受他人的检视与考察，使其变得更为完善；对的东西亦不必为一己所独占，"独乐乐不如众乐乐"，"众乐乐"不是信息的衰减，而是智慧的增加。此为"晤"。

至少我是经历了这几个成长阶段的。当然，它们也不是依序线性展开的。譬如，"悟"了也"晤"了后，可能就会出现新的遮蔽、新的"捂"……个人的教育人生就在循环往复中螺旋上升。

我略谙此道，并将其运用于对教师成长的指导工作中。譬如，我与一所学校合作进行"经历教研"课题研究。我们发现，集体备课使部分年轻教师养成了惰性和依赖性。他们不需要进行较多的学习和思考，就可以直接从资深教师那里获得没有经历的经验。长此以往，他们将可能不会备课。所以，我主张"经历教研"。每一次集体备课时，都应让年轻人先说，即便他们说得不对，也有意义，也有价值。青年教师如果受到过度指导，总是在接受对的东西，就会失去可贵的经历，失去自我生长的机会。此种缺憾或许不是对的东西能消解与弥补的。

教师要做"生活在规律中的主人"（成尚荣语）。我曾受媒体之约，采访一所名校的校长，我问他："您觉得贵校的管理及整个办学行为是否符合规律？"他略为思考，语气坚定地说："我们是在向规律靠拢！"想想这三十多年的教育经历，我又何尝不是在向规律靠拢？靠拢大致是一步一个脚印，其间也有进三步退两步之时，但正如人所说，"后退原来是向前"。

李吉林老师说，教师应该是"长大的儿童"。教师专业成长过程也需要蕴蓄慢慢长大的"童性"，拥有无限可能的"生长性"。一下子便成熟，意味着失去可能性；一步登天，则断送了宝贵的进步性。要让一切都有可能，要使潜力、潜能、潜质汩汩不断，永不枯竭。

我还把这七件事做了大略切分：柴、米、盐是教师成长的必需品，油是调剂品，酱、醋是提味品，茶是益智品。说到底，借开门七件事说教师成长，乃借题发挥。不过，倘要让我们的成长生活有益于时代，无愧于今生，那么，上述各样还真的不可或缺。有了它们，教育人生的意义和价值才能得以切实有力、有情、有趣地发挥。

中篇

成长见知行：
名师教给我们"五字诀"

教师成长有许多事情要做，而概括起来，无非"知行"二字。王阳明说，"知是行的主意，行是知的功夫"。

李吉林老师说，"我自觉地向自己提出'学''思''行''著'创新的四条方略"。这四个字是她送给我们的"四字成长经"。

成长的教师总是相似的，而停滞不前的教师也有相似之处，无一不是在这四个字上表现较为怠惰、难以坚持、不能做好。也因此，我们可以视其为"成长型教师"的一个重要判定依据。

基于对李老师和更多优秀教师的考察，也基于一定的个人经验，我为此再加一个"晤"字，构成"学、思、行、著、晤"五字诀。我称为"成长五字诀"，相信做好它们，就没有理由不成长。

八、学——每天都是"4·23"

从一定意义上说,教育就是读书,读书就是教育。也可以讲,读书即生活,读书即生长。教师要在读书中生活与生长。

我有六个"读书观"。一是读书作用观:读书改变命运。它改变了我个人的"行走方式"、生活状态。二是读书品位观:读书没有什么了不起。读书人不要孤芳自赏。读书是为了更好地走进人群,和谐相处,会做事,能共事。三是读书时空观:只有读,才有时间读。"闭门即是深山,读书随处净土。"四是读书结构观:在做杂家的基础上做专家。五是读书方法观:硬着头皮读,多本齐读,把书读薄,归类整理,与作者对话,沿波讨源。六是读书有效观:用思考与写作串起读书时收获的散珠。

——改写自《今天怎样做教科研:写给中小学教师(第三版)》,中国人民大学出版社 2019 年版

1995 年,联合国教科文组织宣布 4 月 23 日为"世界读书日",全称"世界图书与版权日",又称"世界图书日"。

"让每一天都成为 4·23",这是我一个报告的题目。事实上,不可能每一天都是 4·23,也不可能每一天都是世界读书日,但对教师来

说，却有必要让每一天都成为读书的一天。天天是读书之日，处处是读书之地，人人是读书之师。

"每一天都是4·23"，这是一种诗性表达，我借此来说说学习的那些事儿。读书是一种学习，而学习却不止于读书。

与同学"同学"，为"真教"而学

江苏省南通市启秀中学的李庾南老师是全国著名特级教师，年逾八旬依然站在三尺讲台，做了60多年班主任。谈及"为教育保鲜"的经验时，她说自己比较重视与各个时期的、一批批的学生"唱同一首歌"，因而未曾有跟不上趟的落伍之感。与学生"唱同一首歌"，这十分重要。而要做到这一点，教师就要"与同学'同学'"。

与同学"同学"。不要以为这是一种谦虚，更不要把它理解成故作姿态，说得彻底些，它是现实重压下理智和明智的选择。"弟子不必不如师，师不必贤于弟子"，在开放的社会、信息化的时代，这是千真万确的事实。你"术业有专攻"，但专攻以外不见得有什么优势。即便在专攻以内，你也未必足够优秀……在做好老师的同时，别忘了台下有好几十位小先生啊！

"师（学习）生之长以教生"，这是"同学"思想的一个很重要的方面。更重要的是，教师还要努力营造民主、快乐的氛围，与学生协作学习，跟他们一起成长。

一是要放下架子，降格待己。譬如，教师在处理教材时，首先把自己放在学习者而不是教学者的位置上，揣摩一下，初学者将遇到怎样的困难，将会有怎样的发现。这往往能化解师生之隔、教学之隔，为教学的成功奠定心理、情感等基础。

二是要跟学生进行"如切如磋,如琢如磨""同学式"的心灵交流。对某些知识、某个问题,你或许是专家,是权威,但不可高姿态出现在学生面前。教师的分量要由学生来掂出。不妨以洗耳恭听的姿势请学生各抒己见,这样你一定会欣喜地看到创新的火花,并带给你新的滋养。

当然,这绝不意味着教师只是一个受众,其主导作用不可或缺。只是我们要尽量地将此种作用渗透在平等、坦诚的对话中,尽力达到"夜雨瞒人去润花"的境界。

三是要开拓、扩展彼此的已知领域。教师引领学生闯荡未知领域,这是职责所系;反过来,跟着学生去赶海,也颇有意义和情趣。

可惜,在刚入职以及其后漫长的时期内,我未能较好地做到"与同学'同学'"。意识到这一点有些晚,这也是我"小器晚成"的一个重要原因。

"审美人生教育"倡导者、江苏省南通市海门区东洲国际学校的陈铁梅老师似乎有一种"同学"天赋,因此在美术学科教学领域里,她让无数学生心悦诚服地跟她同学,进而习得良好的审美素养。她非常善于从学生视角切入,抵达学科知识的深水区。

她说,记得刚参加工作不久,为了跟学生一起赏析达·芬奇的代表作《最后的晚餐》,她把大学教材重新啃了一遍,感觉还是不能挖出个中深意,便又跑到附近的师范学校借阅了几本厚厚的书和画册,包括部分心理学方面的资料。上课时,她和学生一起以画作中的人物为原型摆姿势,通过身体位置、手势等变化,以及眼神交流,觉察、领悟画中人物瞬间的心理变化,然后将作品和作者置于历史进程中,辨析意大利文艺复兴时期绘画的表现形式与典型特征……

可见,与同学"同学",不是要教师浅化自己,而是要首先下好深化自我的功夫。唯有如此,才能召唤并与学生携手,和他们一起迈向知识与能力的新境界。

教师要努力做学科知识的专家，要尽可能成为学科教学知识的专家。这就涉及一个话题——为"真教"而学。

为"真教"而学是杨春茂先生的话。在谈及我的《为"真学"而教：优化课堂的18条建议》时，他问什么时候再写一本《为"真教"而学》，他自是笑谈，我亦无意真写，不过这五个字倒是一个值得关注的话题。我在书中写下，"真学的实质在于尊重学习的真教"。我们必须弃假存真，走向真教。

而要做到真教，除了要有意志，要有不为各种"假教"行为及其理念所蛊惑与动摇的定力，还要有相关理论的积淀与支持。其中最重要的是两个方面的理论（它们不在同一个逻辑层面上）：一是学习科学，特别是学习心理学理论；一是"以学定教"理论。前者直接地指向学生的学习行为，后者间接地指向学生的学习行为。

关于学生的知识，说到底就是关于学生学习行为的知识，我们确实普遍地匮乏。缺啥补啥，现在到了好好补课的时候。要不然，无论是我们自身的学，还是对学生的教，或许都是在外围兜圈，而不能进入核心区域，因而也不是深度教学。这其实也是在为教学行为补给营养，在为教育生命补钙！

向以学为主的专家转变

佐藤学先生认为，学校是教师和教师之间共同合作学习的地方。教师也由以前以教为主的专家，向以学为主的专家转变。

我是一个坚定的好学者，却不敢自命为专家。

针对佐藤学教授提出的教师向以学为主的专家转变这一主张，我有许多想法，这里仅陈其二。

一是让非正式学习常态化。

夸张一点儿说，我做到了坐吃躺睡都在学。学未必是捧着书读，坐车时翻看手机是在学，走路时见到某种生活情景而有所思是在学，聚会时朋友的一句话引发一些联想也是在学。譬如，有一次乘车到单位，在手机里看一档节目，主持人说上初中时，他舅舅教他平面几何，舅舅总把容易想到的第一条辅助线先画出来，逼主持人寻找第二条辅助线。这个舅舅的教法"于我心有戚戚焉"。我笃信，挑战让学习变得更容易。在指导教师进行教学设计时，我常常建议他们适当安排或增加一些有挑战性的任务，以激发学生的兴趣，提升学习的品质。

教学如此，教育亦然。当我们堵住一条路时，往往就是在驱动学生另辟蹊径。在这个意义上，堵即是开，是更具意义的开。如此，上班（路上的非正式学习）不就成了"上课"？

华东师范大学郑太年教授说，学校里、教室中的学习不过是学习的特例。张菊荣校长说，过度的正式学习很容易造成学习生态的亚健康……只有当令人神往的非正式学习成为常态时，正式学习才会令人神往！这些在我的学习经历与经验中都得到了证明：非正式学习是我的生活常态，或者说，是我正式的生活与学习状态。不管是哪种状态的学习，我都很神往，且充满热情。

二是用高阶学习包裹低阶学习。

这是上海市教育科学研究院夏雪梅博士领衔研究的"学习素养视角下的项目化学习"的特征之一。

项目化学习是近年来的一个教育热词，指向学生的学习活动。其实，教师的学习行为也适宜定义为项目化学习。除了由学校或相关机构组织开展外，教师个体也要适当进行。自主型的项目化学习，其意义与价值必将超越教师日常进行的随意性、散点状或碎片化的学习。

从广义上讲，教师指向某个项目或专题的学习，都可以说是项目化学习。而关于"高阶学习"，未能搜到专门定义。根据人们对其相邻概念——"高阶思维"的理解以及个人体悟，我将它定义为视阈较广、视野较大并且更多地旨在分析、评价和创造等高阶思维能力培养与涵育的学习活动。它有综合性较强、进入知识结构的层次较深、创新色彩较为显著，以及发现性成果较多等特征。

高阶学习可以包裹（即同时进行并带动）低阶学习（即识记以及一般性理解与应用的学习）。此时，由后者习得的知识，有可能因为处于高阶学习结成的知识网络中而容易为我们记得住、用得上和带得走，而原先趋于惰性的知识则变得灵动，易于被激活、被提取。可以说，处于高阶学习背景中、统摄下的低阶学习，其品质也比一般情形下的低阶学习要高。

这样的高阶学习赖以进行的项目可以分为三类。

一是正式立项的项目。譬如，江苏省中小学生品格提升工程项目："小善"涵育"追锋情"——"伴·学雷锋"实践活动的传承与创新。在这个项目中，学校创造性地开展了许多德育活动，教师围绕"小善与大德""雷锋精神""做学生锤炼品格的引路人""内化于心，外化于行"等概念或理念进行了面广量大的学习。

二是自主立项的项目。譬如，我和南通、广州两所小学合作进行的"学会玩的动课程"的建构与研究中，我们提出"学活于嬉，智启于动"的理念，研发校本"玩—动课程"，开展"非游戏教学的游戏化"实验，努力创设"全游戏化"的教育氛围与情境。两年中，大家潜心学习有关游戏、游戏化、游戏学习、游戏课程等理论。有老师说，且学且思，且思且行，好像又读了一所研究专门问题的大学。

三是自由立项的项目。即个人在教育行走过程中，发现一些值得思考和探究的问题，然后自觉或不自觉地盯住和围绕它们，进行越来越广也越来越深的学习。譬如，有一个阶段，我特别关注中小学教学"降效提质"问题，就教学效率、教学品质及其相互关系进行了大量学习，相关成果发表后被中国人民大学复印报刊资料《中小学教育》全文转载。

项目化学习更具广域或全域性，而站在高处才能看得广和远，因而项目化学习往往包含更多的"高阶学习"的因素。也因此，项目化学习也较为有利于俯瞰各种相关的"低阶学习"所获的知识，有利于这些知识的结构化、有序化和长效化。正式项目更易引发正式学习，而"自由项目"则常和非正式学习联袂而出。我们既要争取正式项目，也应乐见更多"自由项目"的有机生成。我们于日常生活中不时捕捉到一些问题和灵感，并使其中部分成为"自由项目"，再对之久久眷注，深深究索，那么离"学习的专家"亦不远矣。

不做追风者，要做踏浪人

我理解的"追风者"，指的是过于敏感的人。他们总是在分析、预判各种形势，从而患得患失，无所适从，也耽搁了个人的学问和事业。我们要认清并积极响应社会形势，要咬定学科育人的青山不放松，意志坚定又气朗神清地做好教学工作。

我理解的"踏浪人"，指的是踩着时代鼓点、勇往直前而不落伍的人。当前，我们面临百年未有之大变局，每一个教育工作者都不能刻舟求剑。这就要求我们加强关于"为谁培养人，培养什么人，怎样培养人"等教育根本性问题的理论学习，并以此作为行动指南，指导我们平时的教育教学实践活动。这不是在唱高调，而是认真学习与省思后的一种自觉意识和主动作为。今天的教师理应有这样的意识和作为。

我读到山东省某县一位校长发在朋友圈里的一篇文章，内容是关于该校高一年级以"梦想与拼搏"为主题开展的"美好课程"，对杨同学作励志报告一事的报道。杨同学讲到，人一生有三次改变命运的机会。第一次是投胎，这"已经是过去式"。第二次是读书，"我们正在经历"。第三次是婚姻，"只有自己足够优秀才能配得上更好的人"。因此，杨同学得出结论，"唯一能够把握的是当下，用学习改变命运，用知识积累财富"。这篇报道对此予以很高评价。

个人感觉有点儿不对劲，无论是学生的演讲，还是校方的报道，格调都不高。校长回复："他只是一名高一的学生，我们慢慢地来……"高一的学生难道就不需要心系身外之事，有更大的格局吗？更关键的还在于，学校的评价恰恰是一种方向引领，这有可能放大学生已然太强烈的个人意识。

家国情怀等应是青年学生所听或所作励志报告的一个基本原则。有了这样的原则，"美好课程"才能拥有高品质的美好。

"问今是何世，乃不知有汉，无论魏晋"，这是陶渊明笔下的桃花源人的形象。我们不能甘当桃花源人，与时俱进、"日新又新"的学习才是走出桃花源、走向远方的康庄大道。

让我们"撸起袖子加油学"，并以走在前面的姿势引领学生，带动周边，影响社会。

九、思——所有的事都可以思

　　经验、智慧的有无以及多少与年龄的大小未必成正比，但一定与人的学习、实践、思考尤其是反思正相关。特别提及"反思"，是因为，反思是回头看过去走的路：路走得正，自然鼓起了沿着正确方向继续前行的勇气；路走得有些歪，则无妨停下来想一想走歪的原因，以及下一步如何纠偏行正。"往者不可谏，来者犹可追"，这绝不是说"往者不可'鉴'"，如果不"鉴往"，对于"来者"的追索、追求，则可能是盲目的，可能蹈入险地，招致败北的命运。

　　反思是吸取教训的捷径，而教训又常常是经验寓居的母体，我们往往可以从教训的"曲径"来探得经验的幽深之地。"反思—教训—经验"实则为提炼智慧的极好的步骤，尤其当我们刚刚登上教育的旅程，遇到在社会转型期频频出现的、前所未有的教育现象时。

——《〈教育有悔〉编后记》，

刊发于《教师博览》2004年第10期，有修改

　　在人文素养、学业、学问等方面，我没有打下较好的童子功，甚至

可以说无"功"可言。走上教科研工作岗位后，我狂读了几年书，在一定程度上弥补了过往的不足与亏欠。最近几年，我读书的速度放慢了，量也变小了，但自我感觉，习得或学得的东西却比过去多而且深一些。读书是学习，学习却未必是读书，思考本身也是一种很好的学习，可以称为"内在的学习"，或者"自我对话式学习"。它其实是由外而内又由内而外的学习，在"外—内—外"的循环往复中，不断地进行着，实现自我赋能。

学习和思考都是能生成生产力的，相比而言，思考引发、激起的生产力更大，有时还会出现连锁反应。希望每一位教师都能成为习惯思考的人，成为思想者。李吉林老师说："我不敢说自己是一个思想家……可以大言不惭地说，我是一个思想者。"李老师当然没有"大言"，而我们只要不时地开启个人的思维发动机，那么即可以自豪地说自己也是思想者。

"所有的思都是诗"，套用这句话，可以说，所有的事都可以思。

思考，像呼吸一样自然

学者约翰·霍尔特著有《学习像呼吸一样自然》一书，许多人也习惯于这么说。在长期教育教学实践、思考与研究的基础上，我总结、提炼了以下体会：学习像饮水一样解渴，思考像呼吸一样自然，研究像对弈一样潜心，写作像晤友一样诚挚。

呼吸自可比喻学习与思考，但相形之下，用它比喻思考或许更恰当一些。思考很有呼吸性。呼出需要吸纳，吸纳而后呼出，呼、吸之间周而复始，这也正契合思考的特征。这同时强调与凸显了思考的重要性。呼吸是生命体不可或缺的一种活动，对教育者而言，不断地输出思想，不断地输入新知，以输出驱动输入，以输入提质输出，这正是教育的过程，也是教学的本质。

"未经省察的人生是不值得过的"（苏格拉底语），我们也可以讲，未经思考的教育行动、教学实践是没有意义、缺乏活力和丧失存在必要性的。

关于这一点，我在前面的若干篇中亦有所涉，有时甚至说得还比较多。譬如，"把'心间'改造成一间磨坊"，"'吃茶去'，让线性时间空间化"，等等。这是因为，教师职业是"吃思考饭"的，思考必须一线贯穿。

对我而言，像呼吸一样自然的思考真是太多了。举一个例子。有一次，听一位初中数学教师讲多项式，课结束前10分钟，他让学生编一道题，要求是有难度，自己会做，还能够讲给别人听，让对方也懂得和理解。学生非常认真地编题，然后互相交换做题，学习气氛十分热烈，效果特别好。我由此想到一味做题就像手工业时代的来料加工，可以获得蝇头小利；而现在这么做，有点儿类似于先融资，再投资。生产要素由过去的单向联系到现在的全盘激活，形成四通八达的流通，原先算术级增长的生产方式变为几何级增长。这一看似很小的变动背后实则有许多道理，可以发展为一种普适性的创新教法。

其后，在不同场合，我以"从'来料加工'到'融资·投资'"为话题，讲我的所见、所思，然后有不少教师也尝试这样去做。看来，我的思考得到一些人认同，研究者呼出的带有一定学理与创新成分的气息搅动了更多教师，使他们乐探、活教，营造出一种更具活力、更富情趣的课堂氛围，乃至教学生态。

这样的思考往往表现为一种"捆绑性"，我称为"在思考的状态中工作"，此时思考和工作是不分彼此、合而为一的。卢志文先生的话，形象地刻画了如此工作的一种情状：

> 30年前教初中化学时，我课务最重，实在没有精力像其他老师那样去"盯"学生。我琢磨只有哄学生主动地学，才能取得成绩。有人对我说："你善于鼓动，所以你教的班级成绩好。"
>
> 25年前做教务副主任时，我是学校里年龄最小的"官"。我琢磨自己只有做好服务员，才能被大家接受。有人对我说："你很谦和，所以老师都肯听你的话。"
>
> 20年前做副校长时，我是学校里青年教师中最高的"头"。我琢磨只有搭好"人梯"，才能赢得信任。有人对我说："你肯帮人，所以大家心里服你。"
>
> 15年前做翔宇教育集团总校长时，我虽茫然，但很本色地埋头做事。有人说："你会管理，所以集团才有如此骄人的发展。"

依我对他的了解和理解，他确实是随时随地琢磨着的。他说，做一名实践的思考者和思考的实践者是他始终不变的追求；还说，要用脑袋走路，用脚板思考。窦桂梅校长也说，要坐着思考，走着管理，跑着服务，边思考，边管理，边落地……可以说，真正的教育者无不是在思考的状态下工作的。他们或坚毅，或淡定，或忙碌，或悠然的工作情态无不展现出思想者的美丽状态。

像呼吸一样自然地思考，其极致大概是梦中也在思考、想着教育教学的事情。听华应龙老师说过他梦中想课的事，于是问他有哪些实例。他回复说，至少有三堂课的部分设计是从梦中得来的："分数的再认识"中的猪八戒分西瓜，"角的度量"中滑梯的角度，"阅兵之美"中的美在速度。

他还说，愚者千虑，必有一得。不停思，不断得，愚人也会变得聪慧起来。套用清人彭端淑《为学》中的一段话，我想说："天下人有愚智乎？思之，则愚者亦智；不思，则智者亦愚。"

抽象，触摸无限的脉动

在《向李吉林老师学研究》一文中，我把李吉林老师比喻为早行的拓荒者、攀援的凌霄花、科技型农民、诗人工程师、执着的掘土机。我认为，李老师还是"灵巧的织锦人"。她将对经验的抽象、概括和理论的整合、建构高度地结合起来。

很多一线教师拥有丰富的经验，却不善于从经验的茧中抽出丝来，最终为茧所缚，错失进一步提升自我教育品质的机会。李老师善于在实践中找感觉，又绝不停留于感觉层面上，而是习惯于将其上升到理论思维和逻辑思辨层面，对感觉进行沉淀、澄清，其教育思想的理智深度随之增加。

李老师非常重视构建自己的教学模式与理论体系。1980年前后，她对情境教学操作模式进行建构，相继概括出"以生活展示情境"等六条创设情境的途径。在研究进入情境教育阶段后，她致力于确立"拓宽教育空间，追求教育的整体效益"等四大基本模式。而到20世纪90年代中期，她则明确提出"暗示诱导"等四大基本原理，从而进入更为基础、核心和本质的层面。

裴娣娜教授认为，"情境教育是一个有中国特色的教育实验研究范式：感性概括——规律揭示、理论建构——成果深化、推广"。李老师就这样织出了情境教育实践与理论的美锦。

倘若只有感性经验的积累与丰富，我们也能获得教学业务上的成长，但只能像在地面上徒步前进，或是匍匐而行。如果能适当进行抽象，那就不仅只是横向延展了，而且也将获得纵向跃升，这确乎有点儿如虎添翼。沿着这个比喻的思维方向前进，可以想见，当飞跃到一定高度时，我们就会对曾经困惑、困扰我们的课堂问题、教学迷局不再雾里看花，而会变得了然于胸，知道如何应对与化解。

我倡导，"在'所以然'的层面上磨课"。我喜欢荀子的话，"精于物者以物物，精于道者兼物物"。"所以然"的层面即道的层面，它是必须经由抽象才能达到的高度。"以物物"是就事论事式的"获得"，"兼物物"则是就事论理后再就理成事的裂变。抽象即寻理和悟道。一旦我们拥有了这理与道，也就是触摸了无限的脉动。即是说，这理与道能够在更多的事实或情境中得以应用。

我听过江苏省南通市城中小学教师葛善勤讲的"认识角"。葛老师先让学生摸布袋中的各种图形的物品，由游戏引入，让学生从中摸出角来，导入课题；再找出生活中的角，并选择部分实物的角画出来；然后学生自学课本中的角，了解角各部分的名称（顶点和边），并判断哪些图形是角，哪些不是，进而理解数学中的角的含义；最后回到生活，让学生用纸剪出一个角，并说说它是角的理由。

在点评这节课时，我用了四个词概括这堂课的流程，"悬念—发现—转换（这里指把生活中的角转换为数学中的角）—验证"。其实，在概念以及有关核心知识的新授课中，这样的流程都适用。这种流程有利于学生的自主学习、经历学习和深度学习。

我还指导一位老师提出"玩索数学"的主张。玩索数学追求生动而深刻的教学，并建议采纳上述四个词构成的课堂范式。这位老师听从我的意见，取得不错的效果，发表了多篇论文。

这就是一个比较典型的抽象过程。是的，由葛老师一堂课抽象出来的这种课堂流程，也较为深刻地反映了学生的认知规律或教学规律。

后来，重温杜威先生经典的"五步教学法"（即情境—问题—假设—推论—验证），我觉得上面的"四步法"与杜威的"五步法"很相似。这也说明，经由科学抽象得到的东西，常有深层的相通或相同。正如朱熹先生所说，"月印万川""理一分殊"——月亮只有一轮，却普照天下的所有河流；道理只有一个，却适用于人间的许多事实。

教育是用情的事业。情与感往往结伴而来。在这情与感的池塘里，适当投放抽象或理性思维的清醒剂，那么，我们搅动和激活的就将是一条"清且涟漪"的河流。

莫做蝜蝂，要做蜘蛛

日历翻到30年前。一日，偶尔到邻家，适逢章工程师与爱子对弈。章工在县城素负"棋王"盛名，当然稳操胜券，可情况却出乎意料……细观棋路，连我这稍知一二者也会跳马相救，转危为安；章工却故意卖个破绽，出"士"御之。小儿乘虚而入，一举获胜，欢呼雀跃，硬缠着爸爸再开棋局……当时我并不在意，待转过身来细一思索，蓦然发现章工这"故意输盘"后面，竟然隐藏着生动的"成功教育"，我深得思索的喜悦。

这是老一辈著名小学数学特级教师、江苏省南通市海门实验小学原校长张兴华在专著里写的一件事。张校长60年前走上教育工作岗位，即萌生"基于儿童心理的小学数学教学"之理念，一路走来，产生巨大影响。

世界是普遍联系的，没有联系，就没有世界的发展。我们每天都在建立各种各样的联系，每天都在进行思考，每天都在开展联系性思考——联结思维。从某种意义上说，优秀教师、杰出学者都是"联系出来"的。

华应龙老师有一次外出讲课前两天，不小心滑倒，后脑着地，磕破流血，只能戴着帽子上课。他由帽子联系到中括号，跟学生讲，"帽子和括号都有着特殊的功能"。他还说："教师如果能把突发的、不期而遇的、不利的事件转化为难得的、恰到好处的、有用的教学资源，把课上得令学生恍然大悟，这样的教学就是好的教学。"其转化之功全在"联系"二字，可谓"化腐朽为神奇，变事故为故事"。

成尚荣先生在《山顶上的拥抱——教师专业阅读的几点建议》一文中说：

> 有个现象挺有意思，为了写这篇教师专业阅读的约稿，和往常一样，总要随意地翻看书籍、报纸、杂志，以发现一些资料，激发一点儿灵感。我突然发现，随意翻看的一切，都可以进入我专业阅读的范畴，都可以作为写作的素材。

这是成先生在说阅读，说写作，也在说联结思维。成先生在这方面尤为厉害，他常常经由联结思维，而"笼天地于形内，挫万物于笔端"，生成磅礴的思想表现力。

我个人也是联结思维的赢家。就五十余年的人生而言，我有一种非常强烈的感觉，社会因联系而剧变。我和很多同道一样，也因联系而变得强大。只要处于较为活跃的思考状态，那几乎都是在进行联结思维。在记忆力难免减退的当下，我确乎因为联结，因为"融创"，而拾起许多记忆，抑或未曾忘记一些有意义的事实或观点。

其一，用隐喻建立联系，有时还在多种隐喻之间实现勾连。

以本节内容的小标题为例，蝜蝂是柳宗元一篇寓言故事中的主角。它是一种小虫子，爬行时喜欢把路上的一些东西背起来，路人见其负重难行，就为它卸掉，可不久它又继续背负，最后活活累死。作者以此比喻贪婪之人，劝导人们引以为戒。蜘蛛会结网，李希贵校长说，教师要学习蜘蛛，善于为自己和学生建立知识联结。我以此为喻，意在表明，教师不必一味贪求知识，做装得满满的"两脚书橱"；要善于用联系的眼光看世界，想未来。只有这样，知识才不至于沦为惰性之物，才能被激活、调用和发挥应有或可有的功能。也可以讲，蝜蝂所为，充其量是低阶认知；而蜘蛛之行，却是高阶学习，联结思维的实质正在于此。

其二，就某种具体教育情境，抽象出一个概念，再顺藤摸瓜，想出更多概念，形成概念系统。

几年前，我听了一节初中数学课"去括号"。一个学生板演习题时出错，教师未点明，而是让学生复盘自己的解题思路，结果该生很快发现了自己的错误和犯错原因，并找到了正确的解题路径。就此我想出"究错"（就果溯因，进行归因分析）两个字，随后又用"谐音联字法"想出"纠错""救错"四个字。它们共同构成"纠错—究错—救错"的"待错新机制"。我还为此写了三句话：简单"纠错"就像给中箭者剪去露在外面的箭柄；适当"究错"才是基于治标而朝向治本的拔根之举；有机"救错"犹如在歧途中邂逅迷人的风光。

由上述例子可以发现，联结思维建立在相似性基础之上，或者说，建立在人们对世界诸多事物、思想等彼此之间相似性的发现、认识、认同和尊重的基础之上。著名思维科学家、"相似论"创立者张光鉴先生指出，在客观事物发展过程中，始终存在着同和变异。只有同才能有所继承；只有变异，事物才能往前发展。相似不等于相同。相似就是客观事物中存在的同与变异矛盾的统一。世界因为联结而成为整体，知识因为联结而焕发生命。我称这样的知识为"思织品"——由联结"思"维编"织"而成的精神产"品"。

说起教师之"思"，人们最容易想到的情形之一是反思，进而想起波斯纳的成长公式"成长＝经验＋反思"。有时，我们甚至有一种潜意识：只要反思，关于教师成长的许多问题就都可以迎刃而解。我们还会想起叶澜教授的话：一个教师写一辈子教案不一定成为名师；如果一个教师写三年教学反思，就有可能成为名师。

反思固然重要，但我们也不宜倚于一端，而应对联结等思维方式、方法，亦须适当加强学习，进行自我"强化训练"。反思是向内，联结思维是向外；反思指向往深处掘进，联结思维则是借力打力，御风而行。它们各自都有独特的价值和功用。

"反思诚可贵，常（长）思价亦高。若为（探寻）规律故，'抽思'（抽象思维）不可少。世界本一体，'联思'最奇妙。灵感蹁跹来，创意出新招。"以一首打油诗结束本篇，为读者思维之机不断运转加油。

十、行——把更多的事情磨成典藏版

"学科树旗"是名师教学主张的一种表达方式,如"诗意语文""简约数学",等等。对此,赞成和诟病者都有。我也曾有过较长时间的纠结,现在则"有条件地赞同":一是所树之"旗"不能违背学科、教学和儿童学习的规律,要经得起一定的学理考量,有一定的学理支持;二是所树之"旗"不要成为一种虚设的幌子,悬而不用,甚至名左实右,言行相悖,要真正地、坚定地把它"扛"住,"扛"下去,用实践证明和支撑它。有此两点,人们就没有理由不表赞同,更无理由贬斥、摈弃和否定之。

如果说"为了"指向的是一种美好愿景,那么"为着"踏出的则是一级级通向愿景的坚实台阶。顾娟团队说得未必最好,但他们做得却是,"没有最好,只有更好"。

——《"为了"与"为着"》,
刊发于《小学数学教师》2016 年第 5 期,有修改

一个优秀的教师应该经常在"学、思、行、著、晤"这五者之间切换,而有时"做一"就是"做多"。譬如,较高质量的"学"同时也是在"思",在与更有智慧的人"晤",等等。这几者常常缠绕在一起。

其中，思为关键，行是核心。它们都要通过思来实现紧密融通，最终指向行，也都为了行。

怀特海说，价值镶嵌在事实之中。王阳明则有言，人须在事上磨，方能立得住，方能静亦定，动亦定。世间好事鲜有一蹴而就、一做即成的，好事多磨是概莫能外的成事原理。

南通师范学校第二附属小学的黄美华说："30多年，从稚气未脱的懵懂青年，到银丝初染的半百教师，我保持着昂扬向上的精神状态，要把每一天过成典藏版。""典藏版"不只为黄美华等名师所拥有，我们也可以有，那就让我们把更多的事情磨成典藏版。

"知道能行"，方有道行

"知道能行"是我为南京师范大学相城实验小学拟的校训。该校离苏州高铁北站一箭之地，想就铁道这一意象进行文化设计与建设。在《礼记·学记》中，"玉不琢，不成器；人不学，不知道"，"知道"意为知晓道理。仅仅知道还不够，更要"能行"——践道为行，道行合一（"行"的甲骨文像十字大路。也可以说，行即是道）。唯有如此，我们才能有道行（道行指僧道修行的功夫，泛指技能本领；在许多日常语境中，又含有较强实力、较高地位、较大影响等意思）。这四字校训同时勉励师生树立和强化自信心——知道我们能行。此外，还以"行"作为"学校汉字"，意在突出教师教育生活的实践品质，以及学生学习生活的自立精神。

知道并不止于知晓道理。道理并非客观地存在于那里，它更多指教师主观和教育客观相遇后悟出的正确、可行的教育教学认知，有的已经融入我们的思想血液之中，成为属于自己的理念。既知之，则行之，做知行合一的人，才能成为立德树人的中国好教师，也才能享有较高的专业尊严。

有的教师始终探索前行，在不同时期主攻不同方向和不同问题，实质上却一以贯之。祝禧老师在"文化语文"征途中一走就是十多年，取得丰硕成果。近年来则聚焦于"儿童日用语言素养的提升"，"让儿童好好说话"。为此，她创设了一百个真实而典型的儿童日常生活场景，将主题与场景统整起来。以三年级主题"学会祝贺"为例，她认为，学生一要分清场合，在不同场合应有不同的祝贺方式；二要分清对象，如祝贺老年人生日和祝贺同伴生日说法应不同，前者还得注意语言忌讳等问题；三要分清方式，口头祝贺转成贺卡，涉及格式规范，等等。扎扎实实的日用语言素养训练，引领学生于生活中立人。在他们原先"修辞立其诚"理念的基础上，我建议加上"立言树其人"。在有效的语言训练中，我们看到的将不只是儿童的某种品质，更是儿童整个人的成长。

有的教师受高人影响和指点，高立意显出大格局。黄美华老师常得李吉林老师亲授，她的音乐课总是洋溢着浓郁的文化情境味，"文化情境中的音乐教学"即是她遵行的道。她说，像李老师那样读书，拓宽了她的视野，让自己渐渐发现，音乐不是简单的哼哼唱唱，而是蕴含人类深刻思想内涵的文化。从文化视角进入音乐世界，将音乐学习纳入文化语境，不仅让学生对音乐学习感兴趣，更让他们深切理解音乐包含的情感内涵，以及语境赋予的文化意义，这也有助于提高学生的音乐能力、音乐素养。我曾多次听她的课，如《渔舟唱晚》《彝族风情》等。这些课既是音乐课，也是文化课，于音乐旋律中领略文化，在文化熏陶里享受音乐。她获得江苏省第三届基础教育教学成果特等奖。

有的教师"逆袭"教育时弊。江苏省南通中学优秀青年体育教师潘雪峰，不满于许多学生"喜欢体育，但不喜欢体育课"的现实，提出"快乐体育"理念。潘老师认为快乐是体育的本质要素之一，应努力让体育课堂成为快乐场。比如，潘老师与工作室的老师合作设计不同水平阶段快速跑系列练习：水平一（1—2年级），持风车跑，让风车转得快；水平二（3—4年级），胸口放报纸跑，让报纸不掉下来；水平三（5—6年级），"超人的披风"，双手于头上持长条幅跑，让长条幅飘起来。他力求让学生在获得体育运动技能的同时，更好地享受运动体验，促使他们成为快乐的终身运动者。

有的教师悟道不算早，但一旦悟得，便笃信力行，不断迈上新境界。江苏省苏州市吴江区的唐琴老师，最初的志向是经商，成为教师后，慢慢感受到其中的乐趣，提出"让死去的历史在探究、建构中活过来"的主张。她带学生去博物馆，让学生了解历史上的本乡本土；模拟名人日记、给"戏说"导演提建议、举行"家庭文物展"，等等。学生由此亲近历史，走近历史，对历史产生独特的兴趣。历史在课堂里复活。教师热爱历史带动学生一起热爱历史。

重庆巴蜀小学马宏校长提出，"教育是做的哲学"。不仅要做，还要科学地做，所行之道必须正确。而在道的表达上，不宜高深、玄奥，要言出由衷，朴素清新；还要反对"倚道卖道"，切忌"因道轻行"，正如孔子所云，"人之为道而远人，不可以为道"。要力避一位教育专家批评部分"专家"时所指的"读了那么多的书，有那么多的教育理论知识，可全被用来为自己的错误行径辩护"的情形。道、行并重才是好的教育人生。如果在并重上有困难，则要以行为先，再为行探道。当我们思行并进，那么就可以相信，"道不远人"。

"重要他人""关键事件"其实是自赋的

很多优秀教师、名师在谈自己的成长经历与体会时,会说到"重要他人""关键事件"给予自己的有利影响和促进作用。是的,若无这些他人和事件,我们的教育人生将会十分平淡,不免苍白,将难以变得优秀,走向卓越。我也不例外。回忆过往教育历程,一些人和事便每每自然而然地浮现于眼前,或在心底被唤醒。随着时间推移,我亦成了一些年轻教师的重要他人,发生在我们之间的一些事情则成为其关键事件。我把未来的职业角色定位于教师的教师,上述两方面必将愈发凸显。

可我发现,有的年轻人错把自我成长的希望寄托在别人身上。我经常听他们说:"请您多提醒我,督促我!"事实上,我亦如其所言,常行提醒和督促之责。有时则告诉他们,个人成长最根本的动力源是自己,再好的他人都只是外因。现在,我进一步讲,重要他人、关键事件其实都是自赋的。

小学语文特级教师周益民在班级上了一节关于月亮的文化阅读课——"童年视野中的月亮"。他说:"课堂出现了少有的活泼与生机。这一偶然的尝试引起了我的注意。我开始有意识地搜集相关材料,并将它们介绍给学生……我受到极大鼓舞,进一步拓展内容,将民间文学中的神话、传说、故事、对联等悉数纳入计划,开始了民间文学阅读课程的探索。"他后来在这条探索之路上越走越远,称为"回到话语之乡",产生了很大影响。那堂"月亮课"叩开他的教师课程之门,也成为他在此方面的一个关键事件。

南京市北京东路小学孙双金校长说,第一天走进这所学校,就注意到一块铜牌,上有寄语:"含爱生情怀,有育人智慧。""情""智"二字,深深吸引了他的目光。就此他思考一个问题:"如何才能走出'半个人的教育'怪圈?"并由此走上"情智语文"的漫长求索路。这条寄语因孙双金的"有心"而成为他的关键事件。

再来看"江苏最美教师"薛法根,如今他的"组块教学"影响甚巨,而当初,他偶然从《阅读心理学》中看到美国心理学家米勒的组块原理……试着将它迁移到小杨同学身上,将课文中的词语进行归类,果然,小杨基本默对了,也记住了。他试图通过"组块教学"实现语文教学内容结构化、方法科学化、过程最优化,进行了三轮课题深耕。他旗帜鲜明地提出"为言语智能而教"的核心理念,深信只要"组块教学"的方向是对的,就值得做一辈子。一个普通的概念、一回寻常的阅读在薛法根那里却成了一次关键事件。

促成教师持续和深度成长的关键事件一般都具有正面诱导力量,而另一些矛盾或冲突情境也可能蕴含这类事件的特殊因子。江苏省职业教育领军人才、通州中等专业学校姜汉荣校长说,十年前,一名学生课后追问让他陷入深思。他找一个上课走神的学生谈话,可该生挑衅地反问:"你今天上的这堂课对于我以后有意义吗?"虽然用了很肯定的语气回答,可姜校长心里没有底,从那时起,他走上不懈的探寻之路。

无独有偶,另一位职教名师——海门中等专业学校的崔志钰也是在学生的行为中得到启示,走上研究之路的。一次,他偶见学生上课打游戏,正要批评时,却瞥见游戏中出现了一道计算机基础知识的选择题。他陷入深深的思考:教育为什么就不能采用学生喜欢的方式进行?为什么就不能让学生玩中学?这些促使他反思从教以来的教学行为,促使他走上游戏化教学的改造之旅。

不厌其烦地写这么多人与事,意在表明,做教育的过程也需要呼唤或创造一些重要他人、一些关键事件。若没有这些,教育就失去了精彩，失去了成就精彩的可能。而一些人、一些事是否重要或关键，不完全取决于他们或它们本身，也取决于"对方"或"受体"，在一定乃至很大程度上，这些人、这些事垂青那些敏锐的大脑或有准备的人。我们要力争拥有如此之脑，成为这样的人。

进而言之，他人之重要性、事件之关键性，有时是由我们来促成的。彼此之间实则为一种相互召唤的关系，有着一种内在的"召唤结构"。譬如，薛法根正是使"组块原理"得以彰显并在小学语文教育界广为传播的"重要他人"。

教师若有较强的召唤自觉，那将如宋人吴处厚在《青箱杂记》中所云："诚之所感，触处皆通。"许多人、许多事都能成为我们的重要他人、关键事件。此时，不唯教学的思维之路、教育的探索之路被打通，而且我们的成长之路亦将被打通。这将是一种怎样的畅意成长，怎样的畅意人生！

让我们努力地成为重要的自己，让更多的事成为关键事件。

多做"实验"，对明天有期待

在《做做我们的"实验研究"》中，我提到，在遵循教育教学规律，尤其是儿童学习规律的大前提下，教师要敢于进入新领域，敢于尝试新方法，敢于汲纳新资源，敢于付诸新行为，敢于创造新成果，做以前没有做甚至不敢去做的事，塑造"教学新我"形象。在我看来，这就是基层教科研工作者和一线教师都可以为，也都能有所为的实验或实验研究。

严格意义上的教育实验我未曾做过，但如上所述的实验研究，却从过去的偶尔为之走到如今的经常去做，更多是指导一线教师做。只要回到现场，亲力亲为去设计一个行动方案，或执教一堂课，我都努力做到要有些创意，能有突破自我的地方，也就是带着一点儿实验的色彩。

关于实验，我有三点想法。

其一，实验意味着不甘于平庸，摆脱自我有形或无形的"茧缚"。不破不立，所有优秀或卓越的教师都必然有且破且立的丰富经历。一旦没有这样的历程，也就宣告其教育生命已停止生长。

其二，很多教师的职业倦怠感源于自我的教育保守心态。每天都在重复昨天故事的人，即便依然有着一张青春面庞，而心灵之地却早已长了深深的精神皱纹。实验让我们对明天有期待和憧憬，而热切的期待、美好的憧憬恰恰是弭平和医治职业倦怠感的良药。

其三，每一次实验都可以成为今后专业发展方面积极的关键事件，也都会让自己有一次大踏步前进。实验期往往也是难得的拔节期。

人到中年往往趋于保守，而我却逐步建立起重新理解教育教学世界的框架，做了许多实验。

仅以一堂"盲课"为例。那次在南通市东方中学，我和初二（9）班的学生课前都没有接触过学习材料。我自然无法先期进行课堂设计，只是带去一个大致的教学流程框架。

①初读文本，你懂得了什么？

②你觉得，有哪些有必要读懂却没能读懂，或似懂非懂的地方？

③研究那些不懂而需要懂或者似懂非懂的地方，汇报各自的心得。

④老师认为，还有哪些地方学生要努力懂得，认真领会。

现场由班长、课代表和一名普通同学共同选出的文本是张抗抗的《天山向日葵》。

这篇散文写的是西北大山之下的一大片向日葵。在太阳西下之时，每一朵向日葵花"却依然无动于衷，纹丝不动，固执地颔首朝东"，"甚至没有一丁点儿想要跟着阳光旋转的那种意思"。"它们背对着太阳的时候，仍是高傲地扬着脑袋，没有丝毫谄媚的谦卑。""它们始终保持这样挺拔的站姿，一直到明天太阳再度升起。"

这篇散文托物言志，表达较为含蓄，还有点儿朦胧。经过初读，学生对它的主题以及相关表现手法等有了一定理解：

> 文章写了一群迎着风、背对阳光的向日葵。寓意是，不要依赖和仰仗别人，要保持独立的个性。

> 一株向日葵，需要竭力迎合阳光，驱赶孤独，而形成群体后，就能勇敢地抬起头。这告诉我们，只要大家齐心协力，就可以勇敢地面对一切。

> 文章最后说，"然而你却不得不也背对着它们，在夕阳里重新上路"。这里有一个主题的升华，启示人们，不管现实怎样，我们都要敢于直面它，并走向远方。

在进一步阅读、揣摩和交流后，学生的理解又有所提升：

> 一片向日葵一直背对阳光，却没有选择放弃，我由此看到一种人生态度：选择自己的路，一定要活出自我，而不去盲目跟从

别人的脚步，或者甘于平庸。

作者想通过向日葵，给自己一种精神上的支持，希望自己能像向日葵一样坚韧。

向日葵背对着太阳，可见它们不为眼前的美好所停留。文末作者写自己也要"在夕阳里重新上路"，表达了一种不为美好而驻足的思想。

学生通过自学、互学和研学不断走进文本的意蕴深层，我则愈发感受到它的"多义性"，并从接受美学理论出发，启发学生基于文本事实，读出自我，读出差异，读出多彩，还向他们介绍学者范培松先生关于优秀散文"形散神散"的观点，引导他们适当走出"宿构"式解读，走向自主，走向创新。而后，现场总结向日葵的花语——信念、光辉、勇敢，引导学生像它们那样，创造出有信念、光辉、勇敢的人生。最后，请他们下课后用今天的方法，自主学习另外两篇文本。

特级教师唐海燕讲过她的一个教学故事。她参加省级比赛，试教中有一个环节："几张一模一样的白纸，怎样使它们扔上去和落下来时间不一样？"现场幼儿似乎按下思维暂停键，场面寂静得让人着急。有听课教师建议去掉这个环节，也有的建议提前告知幼儿，使其临场能快速进入活动情境。她没有采纳，而是蹲在幼儿身旁，鼓励他们想起来，动起来。起初，孩子们一动不动地拿着白纸，好一会儿，他们把白纸揉成纸团，或折成飞机、扇子，再一起扔向空中。"此时，幼儿犹如从沉睡中惊醒过来，课堂沸腾了，一个个鲜活的生命如鲜花般绽放。"

这则教育叙事，说的是幼儿在挑战性任务驱动之下的突破性成长，教师也在其中与学生共同成长。它还可以解读为一个关于教师成长的寓言。像幼儿一样，我们也会面对生命不能承受之重的问题情境，必要的沉默实则为后续行为蓄势。关键在于，不要知难而退，而要大胆地行，智慧地做，那么，原先不能做的就变得能做了。在由"不能"走向"能"的过程中，我们也将听到自我生命花开的声音。

十一、著——为自己多活一辈子

我们不能期望"教育写作哲学"不端者能写出精准针砭教育时弊、有效匡补教育缺漏、有力助推教育变革的佳什力作。要写出务实致用或启迪心智的教育文字,则须从此种哲学的澄清起笔。

作为教师的作者,只能汲取于丰富的教育生活、日日走过的教学旅程,舍此,再多的向隅虚构皆了无价值,再美的清谈玄议都无济于事。

教育写作可以激活、燃旺我们的职业热情……一位朋友跟我打趣说,枯坐写文章,不如去过一种有情调的生活。我答曰,写作本身就是一种高品格的生活情调。

教育写作可以启示、催化我们的创意实践……真正爱写的人……也每每以作品来观照、检验、校正和重构平凡的日子、平素的实践,并在这两者互动中促成螺旋上升,实现共赢。

教育写作可以淬炼、晶化教育所思,使我们更具教育自觉,更富理性智慧。哥伦比亚大学戴维教授有言:"我只有说,才能想。"说即表达,包括写作。一个与写作无缘的人也许会不断拥有碎片化的思绪,却难以有效整合,真正形成有一定结构程度、有一定体系特征、有一定转化为教育实践能力的思想。

——《澄清我们的"教育写作哲学"》，

刊发于《江苏教育》2017年第6期，有修改

教师的实践性知识必须不断生长。生长的途径除了阅读，除了实际工作中的诊断与反思，还要不断书写。书写集学、思、行、晤于一体，融知、情、意、行于一炉，是一种立体化的建构。有一次，和福建师范大学孙绍振教授见面，他跟我说，"能写出来才是最高水平"。很可惜，经常性乃至常态化地进行如此建构的教师，似有与时俱减的趋势。这是教师理性智慧匮乏等弊端的一个重要成因。

"我始终无法想象，作为专业性很强的教师，不能常态化地学习、研究、探索、实践、思考、辨析、质疑、写作，还是一名教师吗？没有了教科研，还能成为一名好教师吗？"小学数学特级教师许卫兵校长如是说。他长期工作过的学校——海安市实验小学，以及现在他领导的海安市城南实验小学，都是优质名校，以教师群体的卓越成长助推学校事业的高位发展，是学校最重要的战略。也可以说，教师成长在笔尖下，学校发展于键盘上，没有教科研及教育写作，就没有两所学校及教师的强势崛起。

何止这两所学校及其教师，我生活与工作的南通既是名闻遐迩的教育之乡，亦是颇具影响的教育写作之乡。南通市的学校和教师斩获江苏省和国家级教学成果奖的势头非常强劲，其他各方面也都有上乘表现。是否可以说，在一定意义上，南通教育的辉煌也是写出来的呢？我以为，是可以的。

作家鲍尔吉·原野有一个报告,叫"文学写作让人活两辈子"。作为教育写作者,我想说,笔耕不辍,会让自己多活一辈子。

有"两辈子教育人生"者大有人在,而因为自己"多活一辈子",无形中丰厚了莘莘学子的人生。何不让手指舞动起来,在激扬文字中立己达人!

在写中学会写

1994年6月的一天,一个阳光灿烂的日子,我正在村小校长室谈工作,接到乡教办打来的电话:"小储,你的文章发表了!"听到这个消息,我的第一反应就指向了不久前寄出的中队主题会设计方案。对,就是它!于是跨上自行车,飞一般地向乡教办骑去。我气喘吁吁,手捧《班主任之友》杂志,望着变成铅字的中队主题会实录,那股高兴劲儿简直无法用言语来表达。从此,我对爬格子有了一份特殊的情感。

这是海安市大公镇北凌小学储剑锋老师的一段文字。他和我同龄,如今仍然乐此不疲地耕耘在农村小学的土地上。在交谈中,我能感受到他对教科研写作的挚爱,一如平时他对工作的旺盛热情。

我们这代人中确有一部分像他和我一样,有着一种"与职俱来"的"铅字膜拜"情结。我多次梦见报刊上登载自己的作品,也有过听说文章发表而急忙赶回学校,一睹为快、再睹不舍的事。再如,江苏省南通中学化学特级教师徐宾,1987年在《青海教育》发表处女作,内容是关于学科教师语言修养问题的。他说望着带着墨香的文章,他心情激动得无以言表。让他更激动的是,随后《北京教育》做了摘录,人大复印资料《中学化学教与学》全文转载。他几年的苦读、积淀终于有了回报。

如今,有此情结乃至不免癫狂的教师少了。除了年轻一代拥有丰富的文化生活、不像"上代人"没有更多途径可托所愿等客观原因,主要是因为文章来源和发表渠道多种多样。来得容易,自然不大可能敝帚自珍。

自己动手,我手写我心,我笔述我行,是改变这一状况的第一要务。应努力在写中学会写,由不会写到会写,再到善于写,写得好。若能走出或蹚过如此一条写作轨迹,那么,教师提高的将不仅是文字表达水平,更有理性思维水准。成尚荣先生说,感性应是灿烂的,对于感性,我们不能有半点儿的菲薄。诚哉斯言,当然,渗透着理性的感性,不仅是灿烂的,还是智慧的、优雅的,也是更珍贵的。

写作其实也是一种心灵或思维的实践,同样逃不出实践出真知的规律。有志于此或有此必要者必须重视自身实践,适当进行强化训练。

除了加强实践反思与理论学习,除了优选一些文章心追手摹,除了向有经验的老师请教,尤为关键的一点是,拿出言为心声、真正属己的作品,不怕被退稿,敢于失败,乐当丑小鸭,不怯于让稚嫩文字献丑。

一炮打响、一路走红的作者甚少,他们此前也可能经过了许久的蓄积和酝酿,只是不为外人所知。"不经历风雨,怎么见彩虹,没有人能随随便便成功",其实也是教育写作的王道。即便是初学写作、初次投稿就能发表或获奖,但其后也可能会遭遇泥牛入海、折戟沉沙的逆境。我就是这样,在南通师范专科学校同班同学中率先发表文章,但直至工作多年之后写文章仍有不少杳无音信或被退了回来。总的趋势是,命中率先低后高,但也有一段时期趋平或有小幅回落。即便是当下,虽不时有约稿,但也有文章不入编辑法眼,不能发表。我静心回看,这些文章确有不足之处。我所熟识的许卫兵、王树峰老师等亦有类似情形，他们都有共同的感受：成功所获常是一时之乐，而失败所得则是深度反思，后者往往让人受益良多。正如有人说，成功是长叶的时候，失败是长根的时候。

想到几年前受邀发言，点评江苏省前瞻性教学改革实验项目——普通高中数字化实验室支撑理科深度学习的教学改革实践建构项目时，我说，数字化实验室之所以能支撑深度学习，应该在于它可以提供许多次"尝试错误—经历失败—再度操作—发现规律"等过程的机会，有利于人们由表及里、由浅至深、由误向正学习。这恰恰是深度学习的一条有效路径。

再想到在写中学会写，想到迂回前进、不走捷径的教育写作。它由拙成巧，似拙实巧，同样是作者以及更多教师专业发展历程中所需的深度学习。我们也要尝试错误，不怕经历失败，乐于再度操作（多写），争取发现规律。这条探索与发现规律的路径的确崎岖，但正如王安石在《游褒禅山记》中所云："世之奇伟、瑰怪、非常之观，常在于险远，而人之所罕至焉，故非有志者不能至也。"由此所至之处理应不止于某种写作佳境，抑或有另一些美不胜收、耐人寻味的教育景象。

在写中学会写，也在写中学会做教育。

让"好课"成为"好作品"

十多年前，江苏省常熟市成立中小学教师"特后"培训班，主要培训内容是指导学员做课题，写文章。我是导师兼中学组组长。有一次开座谈会，一名中学物理教师说，自己上课很自信，很享受，可一旦写论文，就特别痛苦，家里也被搅得鸡犬不宁。我问她写论文与家庭氛围有什么关系，她说写论文时容易上火，看谁都不顺眼，还会摔东西。我再问她是怎么写的，她讲不能像平时那样表达，要有理论，要"高大上"一些。我说："您上了那么多好课，可以就此进行课例研析，在此基础上也能写出好文章。"她有点儿怀疑："论文要'论'的，写自己上的课，也可以成为论文？"我说当然可以，但要从课堂事实、教学经验中适当地抽象出一些规律性或者理性的东西，尽可能说清、说新、说深这样上课的道理，以及这对其他教师、课堂有哪些启示，如此就能写出、写好基于课例研析的论文。这是我们的优势，切不要"避长扬短"。

后来，我以"让'好课'成为'好作品'"为题写了一篇文章，发在《福建教育》为我开的专栏上，还以例说法，做过许多场报告，引发热烈反响。

带有实验性质的课自有"人无我有，人有我新"之处，最具写作价值。几年前，我在江苏省通州高级中学上了一堂作文课——"向古人学习微写作"。学生一边学古人作品，一边用浅近文言文写短文。他们把《王戎识李》的白话翻译文再翻成文言文；写生活中的真人真事，也有虚构，写成小小说的。当场写，当堂评，出了不少好作品。事后，我写了《做做我们的"实验研究"》，发表在《江苏教育》上。在课堂叙事基础上，着重就为什么要这样上，这堂课对更多语文课乃至其他学段、其他学科有怎样的启示，如何通过学科教学，鼓励学生敢做敢当，培养他们的探索与冒险精神等方面进行阐述，体现出一定的思维深度、广度和高度。

优秀的"教师课程"特别值得同行学习，相关课例及文章常能激活人们的课程开发自觉性，激发课程建设行动。孙双金认为，教师课程是教师个人编的，所以更带有教师独特的文化色彩。教师要做以文化人的文化人。做教师课程，即是这化人之事、化人之道。我听南通师范学校第一附属小学顾颖润老师上"舌尖上的诗趣",她把有关美食以及人们的享用行为、情趣等的优美文字拿来与学生共赏,师生还一起就家乡某种特色美食进行片段写作。我和她一起讨论。她写作并发表了《把"食育"融入校本语文课程》,发表在《江苏教育》上。我跟她交流,鼓励她继续就衣、食、住、行四方面开发有生活味的语文课程。

在教学赛事中得奖的课,有通过发表文章、媒体传播发挥辐射作用的责任。南通师范学校第二附属小学柳小梅老师执教的"用字母代表数"获江苏省优课评比一等奖。她从不同角度写作并发表了《走出认识误区,创设数学味的情境》等三篇文章。我了解到,"音乐魔盒"(一种游戏性学习情境)的创意是该课的一个重要因素,她与团队为此付出许多心血。我认为她有必要专门为此再写一篇。随后她写了第四篇文章《儿童立场:课堂创意成功的基石》。她重点写了三个教学感悟:第一,关注教材的全方位视角——编者、教者和儿童;第二,情境创设价值的保证——兼顾儿童与学科的特点;第三,金点子的催生——从学生的角度,多一份质疑,深一步思考。课堂要有创意,文章写作也要有。当我们形成类似的"创意联结",相信将能牵引出更多教师的更多好课。

好课固然有记录下来的必要与意义,而有缺陷的课,以及整体优秀但有某些瑕疵的课也可以"逆转"为好作品。这既有助于针对既有的具体问题,对症下药,裨补阙漏,也有益于更多教师规避同类教学弊端。曾在江阴市第一中学听到一位教师上一堂旨在升格作文的讲评课,其中一个环节是,就四篇"病文",让作者反思问题所在,并谈谈自己现在的认识和理解,再和同学们一起探寻化解问题的办法。这种做法让作者陷入一种窘境。出于尊重人格、教学民主等多方面考虑,我建议改"医疗治病式"讲评为"会谈完善式"讲评。数月以后,该校老师写作的《向"会谈完善式"作文讲评课转型》,发表在 2018 年第 35 期《江苏教育》上。虽说是就某个课例、某个环节而写，但文章所指却是普遍存在的问题，因此，受益面比较广，智慧的读者还能由此想到更多与讲评转型相关的事，进而做出扎实有效的课题。

可见，"好课"未必都是严丝合缝、行云流水的课，它们很可能不是"为学而教""为'真学'而教"的课，因而不一定是真正的好课。有缺点、不完善的课，以及课中一些貌似寻常的细节等，都可以成为某种意义上的好课例。巧加翻转，瑕可成瑜。也如尼采所言，朴实无华的风景是为大画家存在的。当我们有了大画家一般的慧眼和胸襟，那么，每一节认真对待的课、某些一去不回的细节都有作为好课例的标本价值，也都有成为好作品的可能与潜质。还有，好作品不止于那些书面文字。人们从这些文字中、思想里寻获改造教学的力量，上出更多更优质的课，它们同样是好作品，甚至是更重要的好作品。

把生活中偶然的教育事件历史化，把平凡的教育生活琐事意义化，把过去的教育经历永恒化，这是刘铁芳教授对教育叙事的价值定位。把好课写成好作品，不也是这样吗？

在一次报告中，我这样说：

> 基于课例研析的论文写作，是为了揭示课例背后的课理。再多的例子都是个例，再小的理都是类理，从个例走向类理，才能探得规律。一线教师专业成长有一条可行的道路：课例→课理→课例。或者说，做故事→讲故事→想故事→创故事。
>
> 课例研析要善于发现、捕捉、定格和放大典型细节。不过，细节或情节、情境等的典型性不完全是客观存在的，而常常是有心人或者说执教者以慧心、慧眼赋予这些细节、情节或情境以典型意义。

上好课和写好文可以互动、共生。双轮驱动，既可以创造精彩，又可以创造未来。

人世间有一种哲学叫作转化哲学，课堂中有一种艺术叫作转化艺术，在行与写之间，我们也有一种生存方式，叫作转化式生存方式。当我们学会转化并越来越善于转化时，就可以于曲径里通幽，可以于反思中明理。让我们都来努力做一个明理善行的反思型实践者和理性自觉的教育者吧！

做好全身运动，建好系统工程

看似单一的教育写作活动，却是高度专业化、复杂的高级思想活动。它融合了理论学习、规律发现、成果转化、实践改进等多种专业活动，系统地提升了教师的各种专业能力，使教师在深度专业写作的过程中，不断丰富自己的专业知识，提升专业能力，完善专业素养结构。

以上是编辑朋友颜莹在《教育写作：教师教育生活的专业表达》中写的一段话，意思与我提到的"全身运动和系统工程"说几无二致。孤立地或单向度地开展其中某种运动，进行工程中的某项事务，都不可能写出好文字，必须立体和全方位地开展与进行。钱理群教授说，一个人的写作能力几乎决定或表明了他的全方面能力或水平。

由此可见，其一，以培养全面发展的人为宗旨的教师，自身也要努力做到全面发展。教育写作有助于教师走向全面发展，因而一切轻视或排斥它的观点、态度和做法都立不住脚。其二，临时抱佛脚，或枯坐于电脑旁苦思冥想，在稿纸前搜肠刮肚，为写而写，自会徒劳无益。"好文章在孤灯下",这不过是一种终端的表象。好文章在热火朝天的实践中,在开放与全纳的学习里,在精益求精的"编织间"。好文章不是没事找事做出来的,而是求真务实做出来的。

薛法根说教育写作,就是要先做出来,再写下来,这可谓是颠扑不破的"真经"。张菊荣也一直在声明,不做,他们一行字也写不出来。

瞿卫华校长是我很敬重的实干型教师,也是我很欣赏的优秀青年作者,他的做事与文笔能力俱佳。他说,读自己多年前写的文章,当看到那些采用闭门造车的方式"假想"出来的学生活动时,不禁面红耳赤,感到羞于示人。近些年来,他坚持进行儿童阅读引领方面的实践探索,使用了许多为儿童所喜爱的阅读组织方式,让儿童大量阅读丰富多彩的各种好书,为学校几千名流动儿童送去一辈子都带得走的"智慧漂流瓶"。他为此发表了一系列文章。其中《让学生快乐"漂读"》被《人民教育》录用。他坦言,权威刊物录用,不是因为文章写得好,而是因为事情做得好。好文章不是撑破脑袋想出来的,而是厚积之后薄发出来的。

用写一本书的准备写一篇文章,虽短犹长;用做一门学问的准备写一本书,虽薄犹厚。写作是最好的专业自修。

我喜欢在电脑里分门别类摘录好书、好文章。这些年来,摘录文字逾百万。摘录其实是回味、反刍,是印象与理解的加深和强化。我的一些写作灵感就是在摘录或回味的过程中萌发的。而每写一篇论文,我也首先到这里浏览、提取。这可谓是一项"打底工程",倘有百余万字摘录垫底,那么,在写作材料准备的问题上,还有什么不能应对呢?

一旦确定了具体的写作主题,我就会进行主题文献检索。傅斯年先生说,"上穷碧落下黄泉,动手动脚找东西"。我也常常翻箱倒柜,然后才开始码字。下面以论文《"悠雅童年"是怎样的童年?——兼论游戏情境作文的"'悠-雅'机制"》为例说明。我先确定"闲暇教育""游戏学习""优雅品格"等几个关键词，然后到网上借智。譬如，关于"优雅"，我读到江畅《和谐社会与优雅生存》、李梦云《士人的优雅及其当代意义》等 10 余篇论文。关于"闲暇教育"，读得更多，有杜威、罗素、苏霍姆林斯基和陶行知等人的经典论述，共有百来篇。读过之后，我对起初的理论假设——良善的游戏活动能够促成儿童优质的语言生成——更有自信了。这些资料后来很多成为我的理论论据。

好文章不是机械或无序地堆出来的，而是有机和科学地建出来的。

特级教师景洪春认为，教育教学中的很多问题，只动嘴说说是不够的。如果动笔写起来就会发现，我们的思考还不够深入、完善和细致。一个问题如果我们能说出个一二三，动起笔来就可能有了八九十。

每一篇好文章，每一部好作品，都有如上所述的量变。在这量变中，孕育着终有一天会发生的质变，蕴藏着质变的威力。

多尔教授在《后现代课程观》一书中提出，观点不是完全地出现，也不是逻辑地统合在一个界定好的系统里，它们是从未经探索的联系之中，从半遮半掩和半透露的可能性之中逐渐地创造出来的。建构即是一种创造。

教师应把做好本职工作、日常事务作为头等大事。对大多数教师而言，写作宜退居专业生活第二线、第三线，甚至，终其一生都可能没有片言只字发表。这虽非理想的存在状态，却是教师可以自主选择的一种职业生存方式，无可厚非。

当然，教师不只是一种职业存在，更是一种意义存在。从后一个角度讲，教师需要实现意义的攀升。很多人希望"多活一辈子"，写作能延长意义人生，这也是对生命厚度的拓展。

十二、晤——把自己打开

有一种说法：有人在背后支撑着李吉林老师。这话对错参半。说者往往心存一种偏见，认为小学女教师能有如此建树，一定有别人"代劳"的成分。事实上，她的每一点进步、每一个作品都是亲身践履、亲自劳动的结果；而她也确曾得到不少高人指点……国内基础教育领域，很少有人像李老师那样拜识了许多大师级人物，刘佛年在她涉足教育整体改革之初耳提面命，指点迷津；杜殿坤把刚翻译还没有正式出版的国外教育资料给她阅读。另外还有顾明远、鲁洁、朱小蔓、高文、王策三、裴娣娜等，都曾给她热情帮助，深刻启迪。她与国内许多高校教师形成了愉快的共事合作关系。有人说："关系也是一种生产力。"不错，极好的"人脉资源"为她从事教育教学与科研工作赢得了强大的"生产力"。

——《论李吉林老师的成长》，
刊发于《南通大学学报（教育科学版）》2007年第1期，有修改

我在长期的实践与研究基础上，总结出一段话：经验是练出来的，见识是走出来的，学问是坐出来的，理论是说出来的，智慧是碰出来

的，幸福是苦出来的。

这里面有两个近义词，即走与碰，意思都是超越小我或一己的世界，进入特定的人际场域中，吸纳外在的资源、经验和思想，为我所用，进而成为一个有较广视野、较宽襟怀、较强实力的教育工作者。也可以用一个字来概括这两个词的意涵，就是"晤"。晤的本义是见面。如果彼此不见面，又怎能建立社会关系？而若失去这些关系，又哪有所谓人的本质，乃至人的存在？如此看来，晤可不是一件小事，不是可有可无的事。没有晤，就没有教师职业的存在；没有晤，就没有精神上气象万千的教师。晤意味着我对世界的打开，我与世界的拥抱，也意味着，世界因为我并使得我变得更丰富、更多彩。我们不想成为井底之蛙，我们要做教育的赶海人，我们要以向往的姿态、饱满的情绪，也以较为丰厚的底蕴去晤。相信每一次优质的晤都会裂变出较大的智慧当量，成就一场美丽的"晤慧"！

想什么是看出来的

有位教育家有句通俗易懂又值得回味的话，他说做什么是想出来的，想什么是看出来的。是的，没有想就做是盲动、低效乃至错误的，没有看就想是空想、乱想或"狭想"（思路狭窄地想）。要做得科学、有效，就必须认真、仔细地想；要想得新颖、深刻，就必须广远、开放地看。从某种意义上说，多彩的教育人生是经由心灵的窗户而看出来的。我们要努力创造可能，抓住机会，珍惜机缘去看，也以看来促进个人身心的和谐成长。

读书是一种看。对此，我说过不少话，写过一些文字。这里只讲两点：其一，要有破壁式思维，要较多地看看学科、教学乃至教育之外的书；其二，要走出实用性思维，看一些看似无用的书。只要是好的、有营养、能理解的书，都会有益于教学认知的增长、教育智慧的丰富。正如培根所说："凡有所学，皆成性格。"

课堂观摩是一种看。课看多了，总会有一些有益的东西转化为自我的教学养分，多看往往多得，好看一定"好得"。我在《教师现场学习力：内涵、内容与生成条件》中写道："斗室书斋和三尺讲台会限制个人专业发展的长、宽、高，要大幅度地拓展它们，那就到看得见的现场中去，到现场背后看不见的意蕴中去，到在现场启迪之下发生着'静悄悄的革命'的自我内心世界中去……在不同层次中看到的不同风景，即为教师现场学习力的不同内容。""提高教师现场学习力，要旨在于造就更多看门道并用'门道'规范、指导、引领自我教学行为的师者。也可以讲，在于弥合看热闹与看门道之间的差距，培养更多的善看门道者。"

适当挪窝儿是一种看。"树挪死，人挪活"，一般是这样，也有例外。譬如，南通市通州区实验小学王笑梅校长从1984年走上教育工作岗位至今，都服务于这所学校。她没有挪，同样绽放出绚丽的人生异彩。当然，不挪是相对的，挪才是绝对的。王笑梅校长在坚守的日子里，亦将自己活成流动的教育风景。应该说，较多的外出学习与对话——看的机会玉成了她的名师风采，也玉成了实验小学一次次的美丽蝶变。

当然，我还是认为可以适当地挪。在今天这个多变、多彩的时代里，每一次岗位变动都会让自己领略到先前不曾见过的教育风光。这对开阔视野、提高眼界、充盈思想等常有正向影响。我有近40年教育经历，先后供职6个单位，在南通市教科研机构工作时间最长，一干就是16年。照理说，该一直扎根于此，可我又调到第6个单位，从教科研到教师教育，岗位和角色都变了。有人说，挑战让学习变得更容易，我则说，挑战让成长变得更有力。

外出参加一些活动也是一种看。曾看到一则资料说，由于祖父经常到外地出差，赵元任于是也经常跟着四处跑；加上他天生对语言敏感，结果小小年纪就成了方言大师。真实的、鲜活的语言交际情境对这位语言奇才有着不可或缺的熏陶作用。有时人就是这样，有意识地、拼命地进行某个方面知识的正式或文本的学习，其效果还比不上一些非正式或非文本的学习。南通市通州区育才中学的丁卫军老师既是一位不知懈怠的学者，又是一位不折不扣的行者。多年的各地奔走，使他见多识广、博览深汲。相比之下，我则有显见的惰性，现在反思，这在无形中为自己设置了一层难以看得更远、飞得更高的天花板。

韦政通在《我所知道的殷海光先生（1956—1969）》一文中说，殷先生从不喜欢用看文章或看书的"看"字。有一回殷先生送本书给韦政通，韦政通说自己会用心看，殷先生马上纠正："要读，不是看。"看书是这样，有时看社会现实、教育现象、周遭生活等也是如此，无所用心、走马观花地看上一遍，至多留下一些模糊的印象，留下一点儿"到此一游"的自我安慰，最终和没有看并无大差别，所以若要进入相关情境中，形成较深刻或较清晰的认知与理解，那就要读它一读。读高于看，说到底就在于，前者更用心。要善于留意字里行间的含义、文字背后的思想；留意教育中或社会上的典型问题，等等。这才是较高品质和较高品位的看。

敢问才能"入时"

"洞房昨夜停红烛，待晓堂前拜舅姑。妆罢低声问夫婿，画眉深浅入时无。"这是唐代朱庆馀的一首诗。他以新妇自比,以新郎比张籍,以公婆比主考官,借以征求张籍对自己应试文章的意见,并希望得到对方的推荐。教师在专业上也在不断地画眉,到底画得怎样,以后又如何才能画得更好,对此,除了要适时地照镜子,以获得较为清晰的自我认知,也需要得到他人适当的鉴察和指点,需要我们真诚地向智者请教、问计。如此,我们的做法、经验与智慧才能与时俱进,应和时代节拍;才能得到由外而内的驱动力量,使自己得以更好地成长。

当然,更要跟高人过招。要做到这一点,除了自身要有一定的功力和底气,还要有走出小我,走向大家的勇气。很多情况下,这正是我们所欠缺的,内向、胆怯、羞涩、自卑,使很多教师错失了不少请方家赐教的良机,也使我们在原有层次上久久地徘徊不前。凡有大成就的人,一般都有"不怕丑"、敢露丑的勇气。这是这个开放时代需要的一种精神特质,也是一种健康心理和积极状态。套用姜树华校长的两句说成长体会的话——"学着学着就变了,变着变着就成了";我想说,"问着问着就变了,露(露丑)着露着就美了"。

"不怕丑"使苏州市吴江区汾湖高新技术产业开发区实验小学的老师们,几乎每个月都有一次与华东师范大学崔允漷教授进行深度对话的机会。张菊荣校长说,他们一直信守暴露肤浅才能避免肤浅的开放心态以及不迷信、不盲从、只求真的原则。慢慢地,老师们在对话时勇气日增,收获也日增。没有此种对话,这所建校不久、偏僻的农村小学肯定无法成就"汾湖奇迹";年轻教师也只能在岁月的磨砺中积累一点儿低端的经验,而无法实现令人惊艳的崛起。

"不怕丑"使唐秦历史名师工作室的黄雯婷老师在2016年第一次参加学术研讨会时,就敢于在大咖演讲后,主动举手走上主席台。发言10分钟,她淡然笃定。后来,在一次会议上,她向赵亚夫教授请教关于公众史学的问题。不久,就相关问答经过再思考后,她写成了论文《"公共史学"融通"学科教学"的隙穴之窥——由赵亚夫教授关于"公共史学"的答疑所想到的》并发表。她称那些瞬间为"蜿蜒中的高光时刻",自己的成长离不开遇见的那些重要的人。遇见不是邂逅,它是主动的,也是必然的。当我们有着自主成长的强烈意愿,当我们实践出问题而亟待解决,当我们在探索与研究中有所发现,又希望得到他人教正之时,如此美丽的遇见迟早会发生,也常常能发生。

"不怕丑"使南通市海安乡村小学教师储剑锋在成尚荣先生那里获得极为重要的方向引领,超出先前的自我期许,稳步实现自己的田园教育梦。

善答是水平,巧问是智慧。我有一句关于课堂师生问答关系的话:"用'劲道'(即内涵丰富、价值高、值得咀嚼)的问题把智慧问出来。"其实,在请教他人这一点上,我们也要能抛出"劲道"的问题。如此,才能赢得对方的尊重,进而激活并学习对方的智慧。"劲道"的问题只能从充分的准备中来。问之前有意识准备固然重要,而平素的学习与修炼也是一种间接却又十分重要的"长线准备"。

用他人来成长自己

严亚雄老师是一名年轻的"苏教名家"培养对象。在她的"情思数学"名师工作室活动中,我即兴分享过三点:第一,在"道"的层次上不断追问和思考情与思的关系;第二,在"合"的视阈里用别人来成长自己;第三,在"器"的层面中开发恒变的技术及课例。合的视阈即是一种开放系统。作为新时代教师,我们必须也只能处于开放而非封闭的系统中,不断地与系统内外各种有益因素进行能量交换,以此成长自己,并助成他人。

用他人来成长自己,这很重要。不善于借助他人成长自己是许多教师未能做好进而限制了自我更好成长的根本因素。

教师要重视从他人身上获取精神、品格等方面的力量与影响。

在开放系统中,汲取楷模人物、先进典型身上的力量,要学习他们的精神风范,用他们的精神来成长自己的精神,来成长自己。小学语文特级教师施建平,从教之初就师从李吉林老师。他坦言,曾有过再考大学、改变命运的念头。李老师对他说:"把青春献给孩子,从生命的价值观来衡量绝不是廉价的,那是美好的人生,富有诗意的篇章。"施建平老师后来说:"我独自一人……想了很多很多,心中的天平开始倾斜,决定放弃大学梦,并暗下决心,要努力成为像李老师那样卓越的教师,将自己的一生奉献给教育事业。正是因为有李老师这座'航标'帮我校正了航向,我的人生之舟才驶出了迷茫,驶离了困惑,驶向了深蓝,驶往了远方。"[《一路追随 一路成长——记李吉林老师对我的影响》,《小学教学》(语文版)2019年第11期]李吉林老师主动对施建平进行精神鞭策,施建平则有一种"后发性主动",从恩师那里获取不竭的精神动力,最终成长为李吉林式的好老师。孔子说:"君子务本,本立而道生。"先进人物身上蕴含的精神力量是普通教师学习他们、成长自我的过程中弥足珍贵的第一动力。本若立,道乃生,不能本末倒置。

要珍惜第一排座位,紧抓成长自我的良机。

山不过来,我就过去。名师、大家一般不可能向我们走来,我们要热情地向他走去。有一种常见现象,在专家报告会上,许多人纷纷涌向后排座位,主持人三请四邀,人们才肯往前挪一排。一项研究表明,乐于占第一排者,成才的可能性更大,层次也更高。这不难理解,因为他们自告奋勇，积极作为，这样与专家近距离对话的概率就高，获得智慧馈赠的可能性就大。当然，他们也更可能投入其中，忘情学习。作为物理空间的第一排座位未必重要，重要的是选择和占有怎样的心理、学习和成长的空间。

1995年夏天，后来成为初中语文名师的刘恩樵赴泰山脚下，参加"全国青语会"成立大会。他当面向于漪老师请教。于老师欣然给他题了"追求卓越"四个字。那次会议我也参加了，却坐在后排，未走近于老师。这件事不无象征意义，表明我和刘老师在用他人成长自我方面有很大差距，也足以解释后来我在中学语文教学上未能像刘老师那样做出成绩的深层原因。

要有一颗明敏善感的心，从各类人以及各种事情中吮吸成长的营养。

江苏省丹阳市启动名师培养工程，我有幸成为该工程综合组的导师，发现宋彩萍老师有着很强的成长自觉。她说，每一次外出交流自己都会满载而归，仿佛置身于一个新的成长台阶。其后三年，她连获"镇江好课堂"比赛一等奖、全国优质课（录像）评比特等奖和江苏省教学基本功竞赛一等奖。她说，一路走来，有这么多老师作为榜样，让她一次次发现自己的不足，再不断学习，不断实践，从而获得佳绩。

在教师专业成长问题上，没有一处是孤岛，没有一个人是鲁滨孙。巴金先生说："读书是在别人思想的帮助下，建立起自己的思想。"读事、读人何尝不是这样？最终也要建立自己的思想，建立自己的心智成长模式。巴西教育家弗莱雷说："没有别人，我也无法思想。"同样，没有别人，我亦不能成长。用他人来成长自己，当自己获得较好成长时，别忘了转身去做一个有利于更多人成长的他人。教师成长应有一种理想境界——将他人的成长视为自己的成长。

学、思、行、著、晤是名师教给我们的成长五字诀，也是无数优秀教师走向成功的五种法宝。换一种角度看，它们又是相互渗透、共为一体的。以晤（晤谈）为例，无学之晤是瞎掰，无思之晤是闲聊，无行之晤是空谈，无著之晤是"俗话"。似乎可以讲，任意一者在保持一定的独立地位的同时，其他四者也贯穿其中。说到底，它们是一个整体。

下篇

成长须规划：做一个满血复活的"六一"居士

学者李海林认为，一般教师从教15年左右，即进入较为成熟或优秀的状态，他将此称为第一次成长期，并且希望更多人自觉地进入第二次成长期，朝着永续奋斗的人生境界迈进。

15年左右，其实正处于职业生涯的"中前期"，其后还要度过更为悠长的教育岁月。就此停滞不前，不仅辜负了未来的大好时光，也是对过往努力与拼搏的虚掷。教师个体之间在专业价值方面之所以形成较大差距，各自后半程不同的生存状态常常是占了主导地位的因素。

教师应秉持空杯心态，力争成为栖居于理想教育大地的有为之士。

十三、保有一股"成功再建功"的"精气神"

我的第三个梦似乎不甚清晰，却十分强烈，犹如一脉汩汩涌动的"地火"，直至写这篇文章时才被自己"识破"。而一旦被"识破"，我确认，它将是我的终极梦想：我的前两个乃至所有教育梦都是为它而做、为它而来的。

我的研究活动先是倍加关注教师的教。曾几何时，兴趣悄然转变，愈发眷注于学生是怎样学习的，教师又如何促成其学习的优化。每每评课，我都从"假如我是学生"的视角说感受，谈建议；每每讲座，都结合具体案例，阐述"学生是最大的尺度""学的高峰才是课的高峰"等个人主张；每每指导教师做课题，都从"儿童立场"出发命意、选题，于是有了"儿童课堂""'生本问题'驱动""从'让学'到'让教'""让学生'带得走'的'经历教育'"等新概念、新理念、新尝试，它们确乎引发了一些教师实践行为"静悄悄的革命"。李吉林老师说："为了儿童研究儿童，易于找到规律。"我和老师们一道，"为了儿童研究儿童"，努力地"成全"儿童——这是一个对我而言来得有些晚的"儿童梦"，但也唯其晚，或许更多一份现实性，更多一份实现的可能性。

——《我的"教育梦变"》，刊发于《人民教育》2013 年第 10 期，有修改唐代魏征说："人生感意气，功名谁复论。"民谚中则有"有志始知蓬莱近，无为总觉咫尺远"之句……这些对各种职业固然适用，对教师更是金玉良言。要塑造好下一代的灵魂，教师就要从自我灵魂的优化起笔；而优化自我的灵魂，则要从提振精气神开始。

教师精气神的提振和修炼，是一件要有所为，也能有作为的事情。但不少人在走过职业生涯新鲜期、激情期、稳定期，逐步走向成熟的生长期之后，会热情消退，尤其显著地出现于"职（获评中、高级职称）后"和"誉（如获特级教师）后"。成功不自居，成功再建功，这才是教师应有的精气神，也是较为理想的生命状态。

改造我们的"三观"

人的工作表现、生存状态和价值创造等很大程度上取决于人生观、世界观和价值观，教师亦不例外。那些积累了丰富教学经验、积淀了一定教育智慧的优秀教师，在后续成长历程中有三个观念尤为重要。它们可以视为前述"三观"在教师成长这一特定语境中的折射。三观正，持续或终身成长才有动力，可成现实；三观不正，则无后力，乏韧劲儿，于是成长不可期。

第一观为功利观。适度的功利心无可厚非，人若完全没有功利心，那么竞争意识和上进动力都将严重匮乏。这未必是好事。

当然，功利心过强，急功近利也不好。许多人有偏重或过重的功利心。不正确的功利心有两种貌似相反的情形：有的人对哪怕是蝇头般的功利都趋之若鹜，唯恐失去；有的人在一些功利欲得到满足后即无心再战、斗志涣散。

教师要努力抛却斤斤计较等一类"小功利心"，修成"大功利心"。

大而言之，是为国建功、为民生利之心；小而言之，则是功在学生、利在自身之心。教好学生，发展自己，前者是必需的，后者是应当的。当我们的追求朝向正确，那么，无论是在职业还是在事业意义上，这份功利心都是不错的，不必羞其重，无须惮其强。

许卫兵校长忠实践行"简约数学"教学主张。他说，随着对简约丰富内涵认识不断加深，他的身上也透出几许简约气质。他积极地过着物质并不富足但精神非常富有的简约生活……他努力客观地审视自己，至少，做教育他心无旁骛，对功利他心淡如水。这是更高层次的自由和更具价值的自我。"不争，故天下莫能与之争"，心淡如水的功利观成就了许卫兵可谓辉煌的教育人生。他的无功利心态当然在大功利心中。

逐步走向、渐渐逼近此种功利心境，我们就一定能领略更高层次的自由，成就更具价值的自我。

第二观是舍得观。"舍得，舍得，有舍才有得。"教师不应"躺平"或做"佛系青年"，应当树立正确的"舍得观"：以舍求得，则有大得；得而能舍，则为"达德"（旷达心胸，卓然德行）。处于已有得亦常能得的职场生涯"中后期"，教师更要妥善处理舍得关系，以一定的超然之心追求可成的超常之功。

中师毕业时，李吉林老师放弃继续升学的机会，走上讲台，放弃诸如做跳伞运动员、演员等令人羡慕的工作机会，心无旁骛地做"孩儿王"。事业如日中天时，她放弃许多光环以及外出考察、讲学的机会，放弃到中央教育科学研究所脱产进修的机会。她说，自己要从新的实践当中学，从做中学。

她学会了放弃，学会了做减法。鲁洁教授称赞李吉林老师，一个人几十年始终只盯住一个问题去研究，去寻找答案，这种精神很稀有。相比动辄抛出这个模式、那种思想的人，李老师所下之功见效似乎并不很快，却触及儿童教育的一些根本，很少看到有人对儿童教育的影响和贡献有她那么广泛而深远。

李吉林老师为中国当代教育史写下"情境教育"的瑰丽诗篇。在很大程度上，这是她从忘却世俗之心的舍中辛勤得来的。要想像她那样有大得，则非有大舍不可。

大舍之境又有几人能抵达？扪心自问，我做不到，能做到的是常有所舍，亦有所得。倘若做不到豁达地放下，那就把一些庸俗消极、不免极端或无关紧要的念想、企求等舍掉。较少负累、一身轻松往前走，必将走得更好和更远。

第三观是惬意观。惬意观即对什么是惬意，是否应该、是否可以又如何追求与拥有它，有了之后还当如何去做等一系列问题的看法、主张和理念。惬意理应是美好生活的题中之义。教师不是苦行僧，自可适度追求、拥有和享受教育或人生的惬意。

有学者认为，惬意性原则是苏霍姆林斯基人道主义教育学的一条重要原则。它决定儿童在从出生到长大成人前这一阶段，在良好的情绪环境中的生命活动。不仅儿童要惬意，教师也要惬意。这是指向我们自身的人道主义，更重要的是，只有当我们不时地在教育生活中感受到和享有了一份惬意，才能自度度人，带给学生丰富的惬意感。这才是教育的人道主义。

当然，我们的惬意不能只停留于物质生活和感官享受上。耽溺于惬意，那几乎就不可能对学生的事情上心、在意。教师有权利不追求个人成就，却没有权利怠慢学生的前途。

因此，必须自觉地把个人的惬意观跟学生的成人、成长与成才紧密联系起来，做到"惬意着学生的惬意"。这还真不容易，只有对本职工作、教育事业忘情投入，才能苦尽甘来，在不惬意中赢得惬意。

是的，教育的惬意只能生成于较为辛苦、劳累而又备感充实的工作中。我们有必要适当改造自己的惬意观，甘之如饴地把这样的工作视为惬意的栖居方式——苦中作乐正是我们特有的一种惬意。

幸福是苦出来的

上面所讲的"三观"其实是兼容共生的。而这一节也与这"三观"（尤其是惬意观）相通。教师普遍工作比较辛苦，是"双苦（身苦与心苦）齐下"的一个群体。20世纪80年代，有学者提出"情绪劳动"的概念，要求员工在工作时展现某种特定情绪，以实现其所在职位工作目标。教师要能够和善于进行情绪劳动，将所有不快都赶出教室门外；还要努力养成跟辛苦斗争其乐无穷的心态与精神，并重新定义辛苦观、惬意观和幸福观。

"幸福是苦出来的"，是李庾南老师一篇文章的题目，在其口述基础上，由我协助她成文。它表达的幸福经，却是由李老师近60年教育人生的无数事实写出来的。

> 大凡在教育教学上感受、享受到真正、深刻、持久、广远快乐的人，都是饱尝治学之苦、工作之累、研究之痛的……教育教学需要我们付出辛劳，承受艰难，没有这些……或许也能获得暂时的快乐与幸福，但那不是教育的快乐与幸福，也不是学生的快乐与幸福……回首五十余年教育历程，我由衷地发出"好生辛苦，好生幸福"的"一声浩叹"……我的辛苦酿造了我的幸福，我的幸福源于我的辛苦，并且使我承受和体尝更多、更大

的辛苦。我已经舍弃不得这一份幸福,同样,我也抛撇不下这一份辛苦……它们早已溶在一起,融为一体。甚至无妨说,不断攀高履新的辛苦就是我"与时俱进"的教育幸福……做好面对、承担与化解教育辛苦的心理准备,有一点儿吃苦的精神,能吃一点儿苦,能吃更多苦,不为别的,只为你自身也拥有更多教育的幸福。

选择了教育,就意味着选择了辛苦。与其在心理上做辛苦的逃兵,不如主动迎上前去,与之友好相伴,快乐相处。到那时,一定会收获更大的成果、更多的喜悦。由苦化乐,由乐得福。快乐不等于幸福,后者是更有内涵也更为深刻的积极情感体验。很多在事业上做出较大成就的人,就是这样一路走来的。

和李吉林、李庾南等老一辈名师或教育家相比,甚至和一些新生代名师相比,我不敢说能像他们那样吃苦,能吃他们那样的苦,却有一点与他们有共鸣:吃苦之日也恰恰是自己迅猛成长、特别充实和备感幸福之时。

江苏省人民教育家培养对象、江苏省南通市海门区东洲小学校长吴建英说:"我的快速成长,得益于在一次次赛课、公开课中魔鬼式、自虐式的磨砺。"

在一些同龄人规划三五年后的赋闲生活时,我却在盘算今后一段时期要做的若干专题、课题或项目——我做好了继续吃苦的准备。说到底,这种准备不过是日益爱上成长而生成的动力。

应把情趣更多地转移、投入到紧张而不乏兴味的智力工作、教育行动——蕴含更多和更高精神追求的教育行为中。不敢期望每一个教育者都这样,但我相信,这样的人越多,教育就越有希望,教师也就会在更高意义上成为令人羡慕的职业。

在青春的接力中走出让自己吃惊的我

30多年前，那个青涩的我哪里会想到，能从乡间学校的逼仄讲台走向市、省内外大大小小、各种各样的宽阔舞台；哪里会想到，过去因为水平低而遭学生嘲讽，而今凭着积久渐丰的教育智慧，获得同行的尊重和敬佩。我做不到李吉林老师那样初心不改，矢志不渝，用一生的时间寻找，却做到了寻找之心历久弥坚，并寻而有得。

我遇见过很多执着的寻找者，其中一老一少的寻找故事尤其催人奋进。

少者是江苏省海门中等专业学校崔志钰老师。他是2017年国家"万人计划"教学名师，享受国务院特殊津贴。他是一名中职生，1995年毕业于扬州大学农学院畜牧专业，业余参加计算机培训班，毕业后先是被分配到家乡一所农村职业学校，改行从事计算机教学。他拼命学习专业知识，练习操作技能，赢得学生及同行尊重。他如饥似渴地探寻电脑奥秘，逐步拥有迅速而准确地诊断电脑故障的能力，成为当地有名的电脑专家。

由于生源变化，学校专业不时调整，他在畜牧和计算机教学之间切换，成为全县仅有的兼具生物和计算机一级教师职称的人。

工作第十年，他首次参加县级教学竞赛，名落孙山。专家点评促使他反思并重新进行教学设计，不久后设计方案公开发表，从此走上教科研之路。2009年，凭市骨干教师的身份进入南通名师培养第一梯队，开始系统思考要到哪里去、该追求怎样的教学、课堂应该剩下什么等教育问题，并逐渐生成"错位发展"教学主张，以及微型游戏项目教学"八部曲"。他总是牵挂着心中那方教育的桃花源：实现每个中职生个性的、力所能及的发展，让他们幸福地享受学习，不再为学所困，不再为过关而烦，不再为考试而忧。他努力探索适合每个中职生的教学样式，演绎了"从中职生到中职名师"的精彩人生。

老者为成尚荣先生，他是现代教育名家，是颇具影响力的学术大咖。

他做过小学语文教师、校长，在江苏省教委任过初教处处长。退休前两年，转任江苏省教育科学研究所所长，至今我们还习惯地称他"成所"。他说，自己搞教育科研，连半路出家都算不上，他把这称作从斜坡上开始的攀登。他说，因为他的起点低，基础薄弱，非补课不可，非追赶不可。真正做教育科研，是在退休以后，在人生的晚年，犹如猫头鹰在黄昏时才起飞。落后不落后，不在于退休不退休，也不在于清晨起飞还是黄昏起飞，而在于自己的心理、精神和行为状态。他说，自己有好几项"黄昏起飞行动计划"。他认为，现今不少年轻人得了"初老症"，还没有老就说自己老了，折射出"就此停步"的想法和心态，也在破坏生命的意义。他坚定地表示，要继续写下去，讲下去，研究下去。

获评"大国良师"荣誉称号的周加惠老师说，他的事业从60岁开始。成先生以及南通"二李"等人的大多数成就也是银龄以后创造的。而"崔志钰们"则要早很多，这也应了成先生说的，年龄真的不是问题，起点是自己把握的。

很早就把自己事业愿景加以精准刻画的人毕竟是少数。即便刻画得细致入微，也未必能经受住各种变局的影响。其实，一切都在掌握之中的人生纵使精彩，也不会令我们吃惊。之所以吃惊，一定是因为我们在寻找，在探秘。一时寻找并不难，难在用一生的时间寻找。这样的人一定永葆童心，青春长驻。刘恩樵老师说："青春是可以接力的。"精神的生命将永远为寻找者递上下一程接力棒！

崔志钰说得好："成长就是不停地行走。"

孔子说："我欲仁，斯仁至矣。"教育信仰也是一种仁。对信仰，我们要怀有强烈的信念，要让它着土生根，开花结果。

十四、倡行一种"对、像、行"的教学主张

教学主张的价值与意义，或者说，为什么要炼制和践行教学主张，是一个根本性的问题，我对它的回答是：做"明师"，过一种明明白白的课堂生活；立"主帅"，使实践行为不再是"乌合"之举；重组合，在元素新构中盘活知识与智慧；成"名师"，以正向的影响产生更大的效能……

教学主张毕竟是新生之物，尚未建立较为完善的理论体系和执行标准。只要我们秉持求真务实、适用有效等原则，并在此前提下不断丰富，理智服从内心，那么，就能蹚出若干条正确的、可取的炼制之法和践行之道。根据自己的经验，我把炼制之法概括为七种：（1）从过往鲜活的教学经验中"长"出来；（2）在当下教学之"实然"与未来教学之"应然"的裂谷间"树"起来；（3）于典型课例中提取精髓，将其中蕴含的可复制性因素的价值"放"出来；（4）把平素已做、想做和能做的理念、策略等"接"起来；（5）由学校文化的整体背景中提取"基因"，将课堂变革之矢"射"过来；（6）从学科的特质与规律中掘出内核，将教学之舵"拨"回来；（7）借学生的眼光审视和思辨，将"儿童本位"和学科的立场"融"起来。

——改写自《点亮教育人生的灯："教学主张"论》相关章节，
江苏凤凰教育出版社 2019 年版

主张是对如何行动所持有的见解，教学主张就是对如何教学所持有的见解。我曾写道："不要说您还没有教学主张。只是您的主张可能是默会的、零碎的，也有可能是不太妥当、有所偏误的。这些都不是我所要说的教学主张。"我所谓教学主张，主要指主张者关于自我教学行为的、比较上位的、能涵括与统摄多种或多个具体教学认识或理念的、总体性的教学观。一般而言，可以用一两句概括性很强的话语——"专业生命中的金句"来揭示与表达。

有许多关于教学主张的比喻。比如，教师教学观念世界中的"凸透镜"，教师专业发展的"天眼"，教师观念的"精煤"，教师思想的"血液"、风格的"灵魂"，教师专业成长道路上的"通行证"，教师理论与实践、认识与情感、知识与智慧的"合金"，教师给自己树立的一面"旗帜"等。我则坚定地认定并称呼教学主张为教师课堂生活教育人生中的一盏灯。除了能烛照我们的教学空间，指明今后的教学方向与前程，也因为正如《说文解字》所说，"主，灯中火主也"，而"张"的本意为把弦安在弓上，引申为打开，展开。溯诸本源，主张似可理解为打开的灯或把灯打开。

教学主张也有良莠不齐的情形：有的不够科学、妥当，难以对后续教学产生必要的引领力量和导向作用；有的剑走偏锋，片面强调教学行为的某一方面可能会弱化其他方面，使课堂无法助成学生心智及人格的完善；有的很空洞，大而化之，有与没有并无实质差异，不能化为实操方法与技术，不能落到实处；也有的与提出者实际水平不匹配，最终驾驭不了……

杨九俊先生认为，可以用三个字对教学主张加以评价和判定。一是"对"。看它是不是遵循课程标准，符合教育教学规律。二是"像"。看它是不是与主张者的教学表现、行为风格等比较接近，能不能对具体的这一个主张做出较为精准的刻画和勾勒。三是"行"。看它是不是可行，有没有付诸实施。对杨先生的看法，我高度认同。

聚精，才能会神

许多教师拥有大量经验，也有较丰富的思想，但这些思想往往是情境性和碎片化的，适用于此时此地，未必适用于彼时彼地，就像很多颗孤零零的葡萄粒，不能拎起来带走。

戏剧理论家李渔主张要"立主脑""减头绪"，而王夫之则说："意犹帅也，无帅之兵，谓之乌合。"成熟教师，在不断续写教学艺术这篇大文章的过程中，也要善于"立主脑""树主帅"。教学主张便是这主脑或主帅，自然不宜多头并存，或者变化过频，最好能在较长时期内只树一帜，并纵贯全程。贾平凹先生说，聚精会神，是说聚精才能会到神。是的，或心猿意马，或朝秦暮楚，或打一枪换一个地方，又焉能晤见那个思想之神呢？

聚光灯才有高强的亮度，洞穿黑暗，照亮前程。其实，众多关于它的比喻，也都有聚精会神之意涵在，比如"凸透镜""精煤""天眼"和"合金"等，可见，"聚而不散"是教学主张的共同特征。聚焦容易产生深度，这好理解。有人可能会提出疑问："只聚于某点、一处，会不会因而显现出片面性？"对此，个人的理解有三点。其一，片面是绝对的，全面是相对的。想要面面俱到，往往会面面都不到。其二，就像挖得很深的井，它将汇集周边更广远区域里的水资源一样，高度聚焦的教学主张也一定会集聚更多信息、知识、理念和思想；否则，它也抵达不了如此深度。其三，聚与散是相辅相成的。唯有聚得拢，才能散得开。正如有人所说："聚是一团火，散是满天星。"当我们的教学主张基于并超越了许多具体情境而拥有了较高抽象度时，它才能在遇见另一些教学事件或情境时，自如地发挥作用，产生影响。

成熟教师需要聚精会神。

南通市通州区平潮实验初级中学陆志强进入市名师培养工程第一梯队，按照要求，他需要炼制自己的教学主张。为此，他先后提炼出"协进""共生"等，可一直不满意。我看了他的两堂课——"有理数的乘法""因式分解"。我发现，他的课有鲜明的个性和特点，善于变化则是其中突出的一点。譬如，在"有理数的乘法"一课中，让学生从"3×3""3×2""3×1""3×0"的结果中寻找规律（一个因数不变，另一个因数依次递减1，结果依次递减3），然后续写三个算式。当学生说出得数依次为"-3""-6""-9"时，再追问他们是怎样得出的。学生说，由上面4个算式推导出来，这就使用了归纳法。归纳法意味着对个性背后的共性或现象背后的规律的发现。就此，我们交流确立"变构学程，裂变学力"的主张。"变构"指变化组合、重新结构，"学程"兼指学习的课程（内容）和过程（形式），"裂变"指举一反三之类的学习情形，"学力"指学习的能力。结构决定功能，结构决定效率。"结构一变，活水自然来"，因为在知识呈现之序、课堂人际关系等方面的结构上进行了改变，学生由接受走向发现，由"独学"走向"群学"，而发现式学习和群体学习极具"裂变力"。

这个主张成为陆老师新的教学生长点。从此，在教学主张的聚光灯下，他更注重变，也更善于变。仅一年，他就在《中国数学教育》等刊物发表三篇各六千字以上、基于课例研析的论文，而标题中都有"变构学程"四个字。

陆志强可谓善变者。他就此总结出常用的五种变构法：良构—劣构，演绎—归纳，顺应—挑战，碎片—框架，教对—理错。变是唯一不变的，以唯一不变的变为圆心，画出诸多课堂行为的同心圆，这不是在作图，而是在作画——一幅蕴含丰富艺术性的、流动不居的教学之画。

其实，教学主张的炼制与实践理应都是这样——在聚精中会神。古人云："守少则固，力专则强。"谁不希望自己的教学根基牢固？谁不希望自己的教学实力强劲？那就让我们精心地炼制出一个少而专的教学主张，并由此起步，迈入新的教学征程吧！

从实践中来，再把实践带向明亮那方

教学主张实则为我们的教学行动哲学，它固然是想出来的，而有生长性和生命力的主张却一定不是从枯坐冥想中得来的，而是做出来的，也供我们今后不断去做。实践品质是教学主张的第一品质。如果将炼制出来的主张悬而不用，那么这只相当于一场思想游戏；而倘若在"空谈误事，实干兴业"的高度上进行自律，则是徒增笑柄而已。

教学主张归根到底要从实践中来，再到实践中去。有些主张是水到渠成的，比如上述陆志强老师的主张。就此，我写过一句话，教学主张就在那里，我们需要做的只是"引出"。

有些教学主张则是缺啥补啥。譬如，在观摩南通市崇川区宋晓丽老师的《桂花雨》一课时，我感觉不乏精彩之处，不过这精彩更多是由她教的行为演绎出来的，学生是惬意的享受者，较少有学生自我发现、自我创造的因素和成分。我建议宋老师留给学生更大的发现与创造空间，改造教学，转型升级。于是，她提出"发现语文"的主张。这就是一种炼制法——在当下教学之实然与未来教学之应然的裂谷间"树"起来。这是她对过往实践行为、风格等的"逆行"。从根本上说，还是从实践中来的，或者说是由提升实践品质的内在需要召唤出来的。倘若没有在实践中暴露出来的教学之缺，自然就没有弭平缺憾的驱动。概言之，没有实践，就不会有这一主张。

从实践中来，再把实践带向明亮那方。犹如浩浩荡荡的长江，从雪山走来，一路汇聚了许多支流，裹挟无数春潮、惊涛，而向东海奔去……蔚为壮观的入海美景又岂是源头之处几脉潺潺之流所能相比？

在这方面，祝禧的"文化语文"是个典型的例子。她在《为了美丽的"金蔷薇"》一文中写道：

> 我对语文教育产生深刻认识的是公开课《望月》。这篇集散文、诗歌、童话三个视角为一体的课文，展示着月亮女神的柔美、圣洁、仁慈与祥和……在感受、积累中逐步建构起课堂的"月亮文化"。这一课……让我幡然醒悟……还有一种能让儿童终身受益的东西，那就是文化的品质和素养，它是个体生活的精神之"根"。
>
> 我发表了《文化，语文的一面旗帜：我对"文化语文"的理解与实践》……教育，应该有文化品格；语文，应该在文化的土壤上生长……"文化语文"就是对这一现实的回应。
>
> 近几年，我越来越觉得，在工具性和人文性统一的语文课程中，我们会遭遇一种尴尬……儿童应该过一种有美的情趣、情调、情韵充盈着的"文学生活"。此外，还需要实用的语文能力的培养与提升……于是，我开始转身，把实用文体作为语言教育的重点，和文学教育区别开来。

> "文化语文教育"是我的"金蔷薇之梦",锻造的过程需要我永怀古典情结,持之以恒的坚守;需要我用足够的耐心积聚"金砂";需要我有十足的细心剔除杂质。

祝禧由一堂《望月》开始,建构起"月亮文化",然后将由这堂课散发出来的"文化月晕"扩大开去,使许多课堂都氤氲着一股浓郁的文化气息,进而提出"文化语文"的主张。她先在文学性文本的教学中带领学生进行文化徜徉,共度唯美的"文学生活",然后发现,文化不止于文学,实用文同样是文化的载体。于是,她转过身来,倾情眷注、着力于实用文教学的变革与优化。这不仅是对文化语文存在空间的开拓,更是对文化语文整全意义的实现。这是不是有点儿像一条江流,起于微澜,不断汇聚各方水源而愈发壮阔,最后奔赴大海,成为汪洋。祝禧用的是金蔷薇的比喻,它由一粒粒金砂积聚而后铸成。两种比喻各有其美,共成其妙:从实践中走来的教学主张,坚持去做,不断地走,那就可能会走出势若汪洋、美比金花的明亮那方!

从实践中来,好的教学主张只有一个根本源头;走向那方,这是它的职责所系和使命所在。教学主张也挑着两头:过去与未来,眼前与远方,实然与应然……

要百搭,而不要白搭

要让教学主张成为百搭,而不是白搭。百搭即分布和遍施于每一个具体时空,无时不有,无处不在。正如福建师范大学余文森教授在《名师的教学主张及其研究》一文中所说,将其融入教学实践的每一个毛孔,使教学活动烙上自己的个性。亦如名校长唐江澎所说,让所有的教育细节都指向我们的教育追求，用所有的教育实践来展现我们对教育的理解。白搭则是停留于口头的说说而已。一字之差，行为两样，结果悬殊。只有百搭，才能百花齐放春满园；而白搭则必将白茫茫一片真干净。

"日用而不觉"是一些教学主张被提出前的状态。我的教学主张是"为'真学'而教"。它潜滋暗长于十多年教科研生涯中。我看了很多"为教而教"的课，看了很多颇为"精彩"而学生学习却没有真正发生的"假学"的课，于是，有两股心潮常常激荡胸间：一要"为学而教"；二要让学生学，让学生真学。有一天，它们汇合到一起，成为这五个字。直到围绕它写成专著，直到这本专著产生了越来越大的影响力，我才渐渐意识到，它正是我的教学主张。

它又像一盏聚光灯。这些年来，个人所有关于教学的行为，包括课堂观察、指导，以及自我执教研究课等，无不在它的烛照之下，无不以它为出发点和终点。它早已深入心中，成为一种无须记起的信念，也成为我的行动自觉。

再如，就"变构"一词，陆志强老师进行了大量文献搜索与阅读。他了解到生物学和学习科学中都有"变构"这一概念，发现它们都与自我理念有相通之处，由此愈发增强"变构自信"，日益"善变"，并探索、总结出五种变构法。在"算术平方根"一课中，在大约三分之一的时间里，他引领学生围绕"$3^2=9$"来创设情境、尝试定义，既复习巩固了"底数""指数""幂"等知识，又引导学生定义了"平方根"和"算术平方根"两个概念。在巴掌大的地方，让学生玩出跌宕起伏的思维游戏，变出很多的可能和丰富的现实场景，也使学生自我建构、理解与掌握了若干相关新概念。一位校长无意中跟陆老师讲到一个例子，该校一位老师上公开课，请前来听课的校长也参与学生讨论，并来了一小段即兴教学。陆志强竟由此想出一种新型校本教研范式——同课共构，后来又发展出"和自己同课异构""互构互惠（到平行班执课）"等概念。他说，变构不仅发生在课内，还可以发生在教研活动中，要变着法子，让教学美起来……

百搭的高境界理应莫过于让教学主张切实地成为一种教学风格，乃至个人的"生活风尚"。江苏省人民教育家培养对象李凤及其"无痕语文"就是这样的。在观摩了她的《你一定会听见的》一课后，我写道：

> 在不少教师参与到"学科树旗"运动中去的背景下，李凤老师也未能免俗，树起了"无痕语文"的旗帜……不必讳言，对她的"树旗"之举（包括"无痕"这面独特的旗帜），我先前有点儿腹诽。但当我多次听她的课，特别是当我听她这堂课之后，想法有了改变。对于李凤老师而言，不着斧痕，自然清新，行于当行，止于当止，随物赋形的境界是一种执着的追求，它已然在课堂里，特别是在与学生的对话中，逐渐成为一种现实。现在可以说，"无痕语文"不是李凤老师刻意为自己加上去的一个符号，而是她教育生命的一个鲜亮的写照，是她不断教育行走过程中一道深刻的展痕。

李希贵校长说，要把我们的行动拿出来研究，把研究的结果付诸行动。教学主张理应是研究行动而得来的结果，是源自实践的理解，它还需要回到行动，回到细节。当我们的每一堂课，乃至每一个课堂瞬间都能让人品味出一点儿主张的味道，当这种味道已经成为一种稳定而鲜明的教学精神、教学性格时，我们所成就的绝不只是教学主张本身，还是我们整个的教学，是我们完整的教育生活。

教学主张也常是一种理想信念，也要成为我们专业成长征程中的指路明灯。当然，它必须是正确的。当前，在林林总总的教学主张中，也有一些本身存在问题和缺陷，抑或是错误的，必须引起我们的反思和警惕。个人专业修为上的后退或许还是小事，但正如学者刘立平所说，名师的教学个性建构失败的风险是由学生来承担的。同样，教学主张倘若建构失败，最后买单的一定是学生，所以不可以不深思而慎取。为正确而行动，在正确的方向和道路上奔跑，教学主张及其相应的行为才能越走越敞亮。

有位教育行政领导说："名师必须有自己的教学主张，并在教学实践中炼—练—恋。"我想，还应该再加一个"链"字。因为，好的教学主张犹如一条金链，把零碎的思想连接起来，把教学的理想与现实连接起来，也把志同道合的人连接起来。

十五、做实一个与教学主张相呼应的课题

规划课题是由教育行政部门组织申报、评审、立项并通过多种方法与途径加以管理与推进的课题。相比而言，规划课题比较大，要求较高，规范较严，研究者必须具备一定的研究基础、较好的研究素质，所以规划课题在普及性、"全民性"等方面相对较弱。规划课题确实不是人人可为、个个可以有所建树的研究领域。也因此，它对研究者的专业促动力、推进力更大，对其未来发展的规划性、指导性更强。倘若做得好，它就能帮助研究者从专业成长的高原状态中、从他们难以突破的地方实现突围。

对规划课题研究，我有自己的系列观点，概括为四句话。

其一，我认为，谁先研究规划课题，谁就占得专业发展的先机。

其二，我希望，有越来越多的教师以规划课题研究为专业成长突围。

其三，我倡导，"把问题转化为课题，用课题来解决问题"。

其四，我主张，在选题上应努力做到"三本"，即实本、需本、能本。

——《今天怎样做教科研：写给中小学教师（第三版）》第 105 页，中国人民大学出版社 2019 年版

对于规划课题研究，真是"想说爱你不容易"。首先，教师要实现飞跃式专业发展，确有必要进行或参与课题研究。可要真正地进行研究，进行真正研究，又有很多规范、要求要执行和落实，而很少有人为此做过专门准备，受过专业训练，确有不少教师就是基本在茫然的状态下被裹挟进来的。此时，要他们感到不难还真难。其次，中小学教育科研的整体生态并不好，各种各样的"假科研"层出不穷。一项难度系数本来比较大的学术活儿，却不能潜心倾力去做，焉能做好？还有，省里下达的课题项目本来就不多，校里向县里推，县里向市里推，市里向省里推，能送到省里的申报书就够少了，但还要经过一轮较大比例的淘汰。此前的每次评选，专家背对背打分，其中又没有也不可能有一种非常客观的标准，不可以尺量秤称，论长衡重，给一个绝对权威的评分，所以，能走到最后的课题少之又少，大家差不多都是跟跟跄跄地走过来的。

李希贵校长说艰难的道路上不会拥挤。上了专业发展高海拔地带的人毕竟不多，那就让有志有趣于此的人们在此欢会，畅享登高望远的适意吧。

"完美互逆"铸就合金品格

课题研究什么？研究教育教学的现实问题；研究今后应然的走向，以及为此要付出的实践行为；研究基于当下存在的不足、弊端而进行完善或变革的方案与路径；等等。而就从优秀走向卓越的教师，尤其是教育家型教师培养对象等高端人才这一群体而言，特别需要把教学主张转化为课题，用规划课题支撑主张。

好的教学主张本身就是研究出来的，是教科研的一种成果，而好的课题本身也一定有教学主张的因子。或者说，它就是教学主张的一种载体。有教学主张而不去用课题研究、参透和践行它，主张的品质就高不到哪里去；有课题却不让它关注、关涉和关照既已确立的主张，而让这两者油水分离，成为两张皮，此时，无论课题还是主张的品质都值得质疑。这里两个"品质"，意涵不尽一致，前者指品位或层次，后者关乎某种价值取向。有了教学主张，课题却不去研究它，那还要课题做什么？有了课题，却对自我主张视若无睹，那么，诚心提出、践行或实现教学主张会成为自赋的一种重要使命吗？前者答案是无此必要，后者答案是当然不会。

课题和教学主张之间彼此朝着对方走几乎是唯一合理的关系。也就是说，课题即是用来研究教学主张的，教学主张也要用课题来推进和实现。课题的主要观点就是教学主张，而教学主张即为课题的思想灵魂。双方倘能"双向奔赴"并"完美互逆"，那将铸成合金般的品格，拥有合金般的力量。

南通市许多教师都有这样的合金意识。比如，陆志强"变构学程，裂变学力"——"初中数学'学程变构'课堂实践研究"，海门区育才小学张海红"适宜儿童，尊重学习"——"'适宜儿童，尊重学习'的小学生数学思维品质优化的研究"等两项课题；崇川区曙光小学戴建锋"以'自觉理念'引领教与学"——"'自觉理念'驱动下的小学生数学学习研究"等三项课题；南通师范学校第二附属小学黄美华"文化情境中的音乐教学"——"小学音乐主题性文化情境课程的开发与研究"，又主持江苏省人民教育家培养对象专项课题"文化语境中音乐教学的实验与研究"，"实验"二字意味着主持人及其教育实践行为正在发生美丽的蝶变……

那么问题来了：在教学主张与课题之间，哪个是母鸡，哪个是鸡蛋？是先有鸡蛋，还是先有母鸡？这还真的难以区分清楚，或排定先后次序。

有时主张在先，课题在后。主张就像一枚鸡蛋，后来逐渐孵化出课题及其一系列相关成果。

南通市实验中学闵晓颖是一位优秀的数学教师。不过，学生常常在她环环相扣、高频紧凑的教学流程中亦步亦趋地往前赶。我们讨论要充分地"让学"，并在此基础上尽可能划拨一定时空适当地"让教"。她说，这没有什么不可以，问题只在于，自己被教学惯性蒙蔽，很少这样教。她还说，这样教，学生的综合素养将会出现质的飞跃，可持续发展力会变强。于是，她下定改课决心，并确立从"让学"走向"让教"的主张，一段时间后成功申报省规划课题——"从'让学'到'让教'：初中数学'自主课堂'建设的探索与研究"，并发表一批论文。

有时课题在先，主张在后。课题就像一只母鸡，且行且食，然后产出一枚有一定衍生力的鸡蛋——教学主张。

江苏省宿迁市的李朝宝老师一直都在苦苦寻求新的历史条件下"思品课"优化的方法与路径。思考范围很广，可也比较凌乱，未能用一个核心问题及相关理念将它们凝聚起来。我们一起讨论。我建议可以重点关注当下学科最需要人们做什么，又在哪些方面有比较明显的薄弱环节。他说，主要不足是，大多数课堂师讲生听，学生缺乏对问题自主、主动和有深度的思考。我把他的意思概括了一下，一个是"思"，指思考、思维、思想；一个是"品"，指品尝、品味、品悟，由此很自然地想起学科名称，想出一种可为也应为的学科学习模式——"思·品学习"。李老师做了"'思·品学习'：回归'思品课'教学本真的实践研究"课题两年多，并发表数篇论文后，将"思·品学习"作为自己的教学主张。

两位老师的教学主张都有点儿缺啥补啥的味道：前者是补自我教学行为之缺，后者是补普遍教学现实之缺。两个例子实则蕴含一个道理：无论是教学主张，还是课题研究，重要的是解决问题，化解困惑。哪里有问题，哪里就应有课题诞生；哪里有困惑，哪里就应有主张干预。这不也是一种互逆——发生在"问题—行动"之间的互逆吗？倘若经常有如此的"完美互逆"，那么，我们的教学生活本身也将成为一种合金。

用合金锻成有思想的技术

"有思想的技术"意思是：仅有技术，没有思想，这样的技术只能做低端运行，成为廉价产品；而仅有思想，没有技术，如此的思想不过是凌空蹈虚的幻想，终将破灭或跌落。有思想，则必须化作技术；有技术，最好能升华为思想，又有助于技术的升华。如此的理念早已在我心中，而这样的概念却非我首创。教育媒体人李玉龙说，生根有技术的思想，开花有思想的技术。米歇尔·D. 米勒则在《在线的思想：技术促进教学》一书中提出思想必须在线，在线的思想往往能生成优秀的技术，又能促进教学。

承载主张的课题和以课题研究来实施与表达的主张恰如合金一般，我们还要以此锻成许多有思想的技术。理想的情形或许是一个铁三角：主张和课题置于它底边的两端，它们共同支撑起有思想的技术。这样的技术置于顶点，它不仅有"形而下者谓之器"的战术意义，也有"形而上者谓之道"的战略意蕴，而战略可以派生出许多具体的灵活战术。就是说，有思想的技术有可能引发一串技术链，乃至生成某种技术体系。

张海红老师先提出的教学主张为"适宜儿童"，后来发展为"适宜儿童，尊重学习"。围绕它，张老师成功申报江苏省规划课题"'适宜儿童'的'数学阅读'课程建设实践研究"。经过两年研究，她总结出三种策略。其一，面向每个课堂的同步阅读。它有两种主要形态：一是"阅读作为课堂教学一个独立环节"，二是"在经历知识的发生、发展过程中无痕阅读"。其二，同年龄段儿童的分层阅读。为此主要搭建两个平台，即数学文化大讲坛和走班式社团活动。其三，展示成果的数学阅读文化庆典。她有两点反思：第一，数学阅读必须从较为随意、率性和零敲碎打的状态中走出来；第二，数学阅读校本课程的实施应该有别于其他学科阅读的方式、方法与样态，应致力于探究、形成数学阅读方法的学科性特征。

张老师总结出来的三种策略，好像并不觉得有多新鲜。如果置身现场，却足以让人折服于它们的"看似寻常最奇崛"。仅以第二种策略——同年龄段儿童的分层阅读为例，在数学文化大讲坛上，学生踊跃交流自我阅读的所得、所思、所悟，并相互对话、碰撞，擦出不少思维火花；走班时，所有学生都可以根据自己的兴趣选择不同的阅读方向与内容，然后形成临时的学习共同体，结伴而学。"不同的人学习不同的数学，不同的人在数学上获得不同的发展"，原本较为抽象的课程理念在此演绎为一幕幕可视化的场面与可触摸的现实，思想与技术得以完美融合。这一课题后来获评江苏省精品课题。

戴建锋老师的教学主张前后有所嬗变，但始终围绕"自觉理念"这个核心来实施和推进。在"'自觉理念'驱动下的小学生数学学习研究"课题中，教师着意让学生铭记并内化"学习靠自己，我是学习的主人""发现一个问题比解决一个问题更有价值""学习数学要以一当十，不能以十当一""学习数学同样需要课外阅读"等普适性的自觉理念，再以此驱动课堂学习。团队的课一般这样上：课前，让学生带着"自觉先学单"预习教材；课始，小组交流预习的收获及问题，尽力在组内解决问题，不能解决的由组长向全班汇报；由课代表组织全班交流，并就各组共同的问题互动，集体探讨；教师相机小结、解答、辅导、完善，并精讲重点、难点内容；当堂检测、修正，确保全体合格，大部分优秀；做课堂作业（即第二次检测）。

教师要有好的理念，还要让它转化成学生的理念以及行为自觉，戴建锋为此选择的是，确定一些普适性理念，通过灌输与渗透相结合的方式让学生强化。学生与教师达成共识后，教师即把更多的教学时空交给学生，让他们自己的事情自己做，别人的事情帮着做，大家的事情一起做。这时，需要由教师亲自做或者带着大家共同做的事情就变少了，教学真的成了学生在教师引导、同学互助之下的自主学习，这何尝不是学习或教学的本质？

遗憾的是，我们现在仍有很多课，用了大部分时间和精力教已经会了的学生和学生已经会了的知识。李希贵校长说，没有一篇语文课文不可以在一课时内教完。他的意思是，大部分内容都可交由学生自己学习，他们不能学会的毕竟是较少的部分，课堂教学只需指向这较少的部分，而无须总是从零开始。

由上述正反两方面的事实、事理可以得到许多启示：教师不要"代学"（代替学生学），学生能学的教师不必去教，或者切勿多教，教学要在学生的"似知区间"里重点发力，教少可以学多，教少也为了学多……最宝贵的不是成绩，而是自学的方法、学习的品质等。戴建锋老师让我们颇为受益的，既是"自觉理念"的思想，也是"教少学多"的技术，更是有思想的技术。

那么，教学主张及其相应课题如何转化为有思想的技术呢？要有实现转化的坚定思想，然后上下求索。

把"立项权"攥紧在自己手里

这个标题是面对一些教师较为严重的"课题焦虑"情形而想到的。

广义的教学主张大家都有,而严格意义或狭义上的教学主张按理说则是少部分教师才拥有的。如果每位教师都有一个主张,那就很可能混乱了大家的认识、理念,使日常课堂生活、教学现实在喧哗、闹腾的氛围中变得浮躁。教学主张是要有一点儿品格和品位的。有了教学主张,还要尽可能为之匹配同样有一定品格和品位的规划课题,两者亲密牵手,才有可能走向智慧殿堂。

是否拥有教学主张,决定权在我们手里,没有谁能对我们说不。至于规划课题,我们拥有的充其量只是一种申报权,最终能立项的课题不多,其中又有大部分是学校或集体的主课题,轮到主张者头上、由个人主持的课题少之又少。

我的想法是,要努力把课题的"立项权"攥紧在自己手里。既然我们没有被赋予自上而下的"合法性",那就用自下而上的"合理性"来"逆袭"它——围绕主张确立一个自己的课题,踏踏实实地研究下去,同样可以取得"合法的成果"。

有人或许会怀疑未经上面立项的课题的科学性。个人以为,确实要在科学性问题上做较为慎重的审视和考量,也确实要努力征得专家的指导和帮助。同时,也不必迷信上面,或唯专家马首是瞻。课题评审有其偶然性,真正好的课题沉底,或者未必好的课题置顶的事情都有可能发生。我们不必迷信上面和专家,要有一点儿"我的课题我做主"的勇气与信心。

还是以陆志强的研究为例,几年前,我写道:

到目前为止，他的"变构数学"还没有申报，自然也未能成为省级规划课题。而换一个角度看，他进行的聚焦式理论学习，以及既有自觉意识又无所不在的课堂实践、探索与创新，不正是一种高品质的课题研究吗？有名无实是课题研究的大忌，有名有实是课题研究的正道，而无名有实则堪称课题研究的一种"化境"。因为此时，研究者不会注重外在形式和眼前功利，而着力追求内涵优化与价值实现，这在当前的教育事实面前，尤为难能可贵。

在"变构学程，裂变学力"主张明确提出后的第四年，第二次申报时，课题成功立项为江苏省规划课题。开题时有专家说，凭着已有成果，它足以结题并可获评"优秀"等级。由此也可以想到几个问题。

第一，主张好，课题不错，未必就能通过评审。盲评总有或成或败的偶然性，上或不上都有可能，也很正常。

第二，第二次申报成功，应该多少会有与第一次申报时相比准备更足、做得更好等因素起了作用。在申报书"已有相关成果"栏目里，几篇分量较大的论文赫然列于其中，不能不对评委产生一定冲击，因而可能获得较高分数。

第三，完全可以"先研后立"。研究到一定阶段，立项就有可能是一种逻辑必然——成功的必然性其实更是自己创造的。

第四，希望今后也能建立一种"倒评"（凭已有成果决定可否立项）或者宽进严出的机制。目前，已有一些地方尝试这样做，如果能普遍推广，可以相信，虎头蛇尾、有始无终进而导致一些课题作废等"假科研"的情形必定会得到遏制。

就课题研究问题而言，生长出来的，才更有生长力。无论是教学主张还是规划课题，抑或是为实现教学主张而确立的规划课题和在规划课题研究中践行的教学主张，都要从实践中来，到实践中去，都要在教育教学的现实沃土中生长出来，并不断生长下去。实践、生长、生长力等是教学主张和课题研究的关键词，也是它们的生命力所在。不做花样文章，凸显实践品质，说到底就是一个"真"字，一个"实"字。当我们秉持真实的原则、精神和作风，当真实成为我们的纯粹底色、行为习惯和不二风格时，我们将成就的不仅是主张，是课题，更是"我"这个人，"我们"这群学生，"我们"这支队伍。

十六、写一本基于课题、指向主张的专著

在所有的写作中，写书是个人经验、学养和思想集大成之举，又尤其当这本书不是文章汇编，不是零敲碎打的随记所积，而是一本聚焦某一主题的专著，是一种体现一定体系性色彩和结构化特征并且体量相对宏大的架构，那么，它所须付出的气力一定很大，几乎必然呕心沥血，殚精竭虑。

因写作而阅读，在写作中建构，为写作而行动……此时的阅读、建构与行动等都是"最好的学习"。我忽然想到，福建名师、厦门市教育局副局长任勇倡导每一个教师都写出一本书来，我曾认为他过于理想化，现在想，任勇所倡导的写书行为，实质或许就是这里所说的阅读、建构与行动。倘若如此，他关于教师写书的倡议还真不是什么不切实际的理想，而几乎是每一位教师的"必修课"。

——《写作是最好的学习：以新著〈为"真学"而教〉为例》，刊发于《教育视界》2017 年第 13 期，有修改

专著对我个人的专业成长具有极其重要、不可或缺的作用。在字里

行间走出一个关注实践并能有助、有益于实践的思想者，这样的人生对教育人来说是有价值的，也值得自我珍爱。

教师写书，出书，只要动机纯，又是认真对待的，写书总比不写好。写书总能让我们有所进步，写书的教师成为卓越人才的概率更高。如果写书也有弊端或坏处，那也不是"写书之过"，而是不甚端正的动机、不够良善的态度之过。

基于课题、指向主张的专著，是一种理想状态。课题未必是较高级别的规划课题，属于自己的"自立课题"亦可；主张也未必是明确提出并公开唱响的教学主张，对教育问题有一些较为聚焦的思考，在此基础上，形成一定的思想方向，就可以视为有主张；专著亦未必为严肃和严谨的学术专著，在上面所说的方向上，写成有一定结构化或组织化水平并有较大体量的文字即可，等等。让我们先写起来。不愿或不敢写出第一本也许不免拙劣的专著，那就很难"一写惊人"，写出佳作。写与不写是不一样的，写一本书和写一篇文章也不一样。

人人写书，"非不能也"

孟子有一段许多人耳熟能详的话："挟太山以超北海，语人曰：'我不能。'是诚不能也。为长者折枝，语人曰：'我不能。'是不为也，非不能也。"

客观地讲，写书对一般教师而言，对视写作为畏途的人们来说，还真不是一件容易的事情。虽说未必如"挟太山以超北海"，有着绝无可能实现的天大困难，但也肯定不像"为长者折枝"那么轻而易举。但我仍要说，人人写书，"非不能也"。

其一，这里所说的"人人"并非指全体教师，而是指较为成熟和优秀，正处于从优秀走向卓越进程中的人。

其二，我是在几近延续不断的笔耕生活和断断续续的写书过程中成长起来的，我的成长即是一种明证。

我的第一本书《中考作文分类指导一百例》，于1991年年底出版。写完时，我工作尚未满6年，是中学二级教师，教学工作、待人接物、为人处世等都难说优秀。现在，再看《后记》中的一段文字，令人顿生振奋之情：

> 常说"作文，首先要做人"，全书所收的是考场作文，同样存在一个"文德"问题，即作者是否有健康、积极的思想，并把它反映出来。对此我是予以重视的。许多评析文章都把习作的思想性放在首位来考察。作文教学的"教养"任务曾一度被忽视，如果本书能起一点儿微不足道的纠误和反正作用，那它就不能算是白出。

现在，我自然会经常说到立德树人、学科育人等问题，倘要说，自己于30多年前就意识到且关注了此类问题，并不为过。若无这本书，我后来会不会成为一名所谓专家，真的难以给出肯定的答案。

我之所为，难道不是更多人之能为吗？

其三，所写之书未必都要正式出版。能登堂入室，为众人瞩目，这固然极好。而我手写我心，我手写我行，写出田野气息十足的"土书"，先自娱自乐，再由此不断提升书写品质，进而写出亦能使更多人从中受益的作品来，则足以为之欣慰。它所提升的何止文字本身，更有思想与实践的品质。

张菊荣校长所在的苏州市吴江区是一个英才辈出的教育高地，教育写作、教师出书的美事在那里蔚然成风，值得我们尊敬。

张校长从区教科研部门调到乡间新建的汾湖高新技术产业开发区实验小学，下车伊始，就发动老师们写出自己的"土书"。每一天教育的所行所见、所思所悟，都可以写到个人博客中，一段时间后便可结集成册。

2017年，他在《自序·我在汾小8学年》里写道：

> 又是一个"土书季"，第10辑了。我原以为，老师们的热情会淡化，想不到，这些天，总是听到他们在讨论土书的事儿。教科室副主任过来催我："张校长，您的土书好了吗？"……洋洋大观的10辑土书，一起构成汾小精神世界的重要内涵，也一起构成汾小教育史的重要内涵……本书不是一本叙事书，而是一本思想录……汾小人做学问做事业，可以肤浅但不可以不真实，因为我们所做的一切，都如孔子所说，"为己"而不"为人"，不是为了表演而存在。这些思想是靠与汾小的伙伴们一起跌打滚爬而慢慢领悟的。

"土书"更多是行思实录，故而难以称为专著。从实录到专著，不是量变，而是一种质变。质变往往是在许多次量变之后悄然实现的，而主观努力则对它有玉成作用。顾嫣宏老师是一个努力促成这一质变的年轻人，她在《"土专著"写作的日子里》一文中说：

> "土书"一直引领着自己成长……《且行且思》《数林思行》和《露珠集》相继问世……我还想拥有一本单一主题的"土专著"，自知其中难度，但就像汾小人喜欢的"犟龟"一样，只要

坚持，一定会遇到美丽的庆典……新一辑土书，我尝试记录同一个主题，并就此进行研究。几经商讨，我把方向定为"为发展思维而教"。一个多月后，我还是想不清楚要写什么，遇到瓶颈了。张校长对我说："让我们一起为这本土书做一个规划，我们需要建构框架。"当我拥有了这个框架时，便从瓶颈处走了出来……我们在课堂上着力收集学习证据，通过转问、探问、追问等方式，尽可能把话语权交给学生，激发他们的思维张力……不到一年，这本"土专著"初具雏形，它向着同一个主题聚焦，前行。我对思维主题的探索，既影响了我的学生，也在与同学的合作中影响我周围的同伴。

"土专著"自有区别于一般教学叙事、随感、论文等的特征。比如，聚焦一个主题，专注一个方向。需要提早进行规划，建构框架，让最后要写成的东西先自"观念地存在"于大脑之中。以理念为经，以事实（课例）为纬，经纬交织，渐织渐成。相信再适度进行深加工，就能成为一本扎根大地也洋溢着现代气息的专著。从"土书"到"土专著"，再到"专著"，路途遥遥，但这路途不仅是我们要经历的，也是我们拓展出来和延伸开去的空间与风景。

汾湖高新技术产业开发区实验小学在校园里竖起一座"土书"雕塑。这表明他们对这样的研究、表达和生长方式的认同、自信与钟情。其实，每一篇精心写出的作品都是心灵成长历程中的一座雕塑，或者说是一座地标式建筑。教育生活也需要这样的雕塑抑或建筑。

用写专著的任务进行"逆向成长设计"

2017年,学校就项目式学习,成功申报江苏省基础教育前瞻性教学改革实验项目,按规定,结项时必须有成果专著出版。这倒逼着我们对项目式学习研究进行系统化建构,顺理成章,催生了建构属于自己的项目学习体系等一些想法,也催生了未来一本专著的提纲。提纲勾划出来之后,每一个小章节,都给我们留下一个个小小的问号,需要我们用行动去回答,用时光去雕琢。

带着这个先有雏形而后逐步完善的提纲,我们开始了为时三年的项目研究之旅。以前瞻性改革项目的推进为目标,有条不紊地思考着写作提纲当中一个又一个问题,举全校之力,进行团队式参与,在自我否定中不断更新迭代,这才有了2020年项目临近结束时,我几乎是一挥而就、毫无障碍地写完这本属于整个团队,也属于我们学校的专著的美事。

这是海安市实验小学校长周振宇《写作,基于学校的行走》一文中的一段话。

先列提纲,然后备料、写作,最后捧出一本专著,这是许多作者都经历过的事情。周振宇这番话给我们带来很多启发。专著的提纲(框架)其实就是一个工程项目的计划书,或者说是一张行路图。它大致规定了作者要达成怎样的目的,又为此要做一些什么事情。就着它,我们既可以回顾过往,总结已有经历、经验和智慧,也可以按部就班开展后续相关工作,渐渐充实这一框架,使之最终得以实现。

我由此联想到"逆向教学设计"。它提倡从终点,即所追求的结果、目标或标准出发开始设计活动;要求教师在确定追求的结果后,首先考虑评估方案，再具体设计活动，等等。据此，我想出"逆向成长设计"，指的是，着眼阶段性目标，"以终为始"，设计我们的专业发展规划与计划，亦即进行目标导向下的自我专业生涯发展规划设计。毫无疑问，"逆向成长设计"有利于我们走出随意生长的状态，按照既定和特定的步骤与节奏成长，以不断达成自己的专业发展目标。

用写专著这样的任务来驱动、倒逼和组织日常教学生活中所有或大部分的学、思与行，这其实正是逆向成长设计中重要的工作之一。周振宇及其团队就是这么做的。这样做的好处除了有条不紊地对标而行，还在于，专著写作总有理论建构的色彩，总有一些理性智慧的成分，而理论和理性常使我们的工作或行动更逼近规律，更具合理性和合目的性。带着理性上路，我们的教育行程将会走得更加明朗、稳健。

当然，计划不如变化快。如上所述的提纲、框架、计划几乎不可能提早较长时间预设得十分周详和缜密，绝对按照预设甚好的提纲去行事，只能是一种理想。用以规划未来行与著的目标与任务提纲可以是大体则有，定体则无的：既有必要的预设，又有丰富的生成。这不仅是好课常有的状态，也是教育行走及教育写作的好样子。

用写专著的任务进行逆向成长设计，并不断地付诸实施，这是一种较为理想的成长范式。不少优秀教师、优秀教育作者，更多是学、思、行之后去著，走的是归纳之路。这里所说的设计与实施，从整体上看，走的则是演绎之路。归纳之路有利于在事实与现象中看见规律，而演绎之路有利于我们用规律派生出更多美好的事实与现象。这两种情形都有优点，而更多人在丰富经历中走向明智或睿智的当下，也应期待有一些人是个人成长的优秀设计师，他们在清晰而美丽的蓝图上建立起自己的事业与思想大厦，无论如何，这都是值得尊敬的。

没有黄金屋，却有登峰梯

对于有一定品质的教育作家而言，写作本身就像一泓清澈的泉水，越写泉眼越多，也越容易被激活，不会出现稍写一写即资源告罄的窘况。不管怎样的书，只要不是胡拼乱凑的，就得有一定的体量和体系，而这些都不是随便能有、唾手可得的。

回顾一下个人的写书历史，供大家参考。

《中考作文分类指导一百例》是我的处女作。现在想来，它是当年无知无畏的结果。

2005 年，到教科研机构快到一年时，我把过去发表的五六十篇教育随笔分门别类进行编辑，出了一本《幸福的"芭蕾步"：冯卫东教育随笔选》，主书名来自其中一篇散文的标题。后来经常有老师提及它，我都会说"羞于示人"。不过，它有两点倒还不错：一是真诚，无矫揉造作之痕；二是每篇都多少有些新意，不拾人牙慧。

2007 年，出版教科研演讲集《走在研究的引桥上》。我认为自己尚未跻身"科研堂奥"（今天仍然如此），所以说身在"引桥"之上。其实，内容是专业教科研生涯之初的一些心得，知之不深。一线老师看得懂，也做得来，但大多数人又说不出。苏州市吴江区邓梁老师写书评称赞："作者那生动的文字、深邃的思想、精彩的思辨、务实的态度，无不给我留下极深的印象。面对静态文本，我似乎听到一场场时而鸦雀无声、时而掌声雷动的精彩报告。这一切精彩无不源于作者在'研究引桥'之上的一个个踏实脚步，而这些报告无不是'脚步声的回响'。"

2007 年，协助连续担任班主任 50 年的李庾南老师写作和出版《班主任工作艺术一百例：触及心灵的足音》。李老师说，这本书"有我的一半，也有冯老师的一半"。2023 年，李老师和我主持的"'班级育人'60年"获评第三届基础教育国家级教学成果一等奖。从一定意义上说，这项成果的创造之旅是从该书的写作及出版开始的。

2010年，受李吉林老师委托，我和她的一位助手合著《情境教学策略》。它不是对李老师先前实践智慧及相关作品的简单重复，可视为对李老师情境教学策略的创造性解读。

2011年，出版《今天怎样做教科研：写给中小学教师》。如今，它已出到第三版，总计重印超过20次。一个突出特点是接地气，除此之外，还自创了一些科研新法，譬如微型课题研究。

其后两年，主编并出版了中、小学主题班会课实录与点评各一本。

2018年，出版《为"真学"而教：优化课堂的18条建议》，它为我赢得迄今为止最大的专业尊严和理论自信。

2019年，出版《点亮教育人生的灯："教学主张"论》，它可能是国内此一问题域的首本专著。

我的专业成长、专业影响大多是由这些书铺就的。它们未必能登上学术殿堂，却因其草根特征和价值受到老师们欢迎。没有这些书，我难以走出平庸的泥沼。

江苏省特级教师薛丽君形象地说，专家引领是乘电梯，而教育写作是爬楼梯。作为一种"登梯运动"，写书时，我们的脚步会更为矫健有力，姿态更为洒脱优美，而登高所见也是更为壮丽的景象。书中没有黄金屋，但书中自有"登峰梯"，使我看到更多的风景，感受到更大的景深。

教师有不写作、不写书的自由，但写作尤其是写书将使我们收获更大也更富深度的心灵自由。不过，教师理应重视"心生命"（钱穆先生把生命分为"身生命"和"心生命"）的丰盈与养护，理应向往飞翔。那就让写作、写书这一可行的专业自修方式成为自己飞翔的双翼吧！

"草鞋没样，边打边像。"写书有时就是这样，写着写着就像了。当然，若心里一点儿样都没有就"硬写"，则不可能写出优秀作品。写一篇文章，常要好好地谋篇布局，何况写一本书呢？这里的"谋篇布局"，不仅指向文字及其背后的思想，还关系我们的实践行为，关系"干事兴业"。

　　再强调一点，我把写作视为一种极好的知识管理活动。是的，写作能让原来无序的知识变得有序起来。我认为所想大于所写。我常常生出写一篇文章甚至一本书的念头，其中很多没了下文。不过，这看似虚拟的计划亦自有其用，它使我在一段时间内进行一次专题任务驱动式学习。这本身就有一定的组织或管理功能，使相关学习活动不至于碎片化和孤立化。而在善于进行思维联系的人们那里，世界是平的，也是网格化的，是阡陌交通的。而网格化和"交通"就是对知识的结构性安排和关系性联结，它们自是有效或优质的管理。

十七、建成一支朝向一致、坚强有力的队伍

一所小学举行校内教研活动，有一个环节是教师跨科评课，请我点评。我建议他们再往前走一步，尝试进行跨科教学，加大"科际互动"力度。我认为，小学教师不应有门户之见、壁垒之严，这种尝试将有助于各科教师沟通情感、融通文化。部分教师有些畏难，我及时给他们打气："欢迎成功，拥抱失败，只要努力，就是胜利！"随后予以全程指导。一学期下来，有近30位教师上了试验课。我又鼓励学校出版课堂实录集，给书取名"'足迹'之外的行走"。人只有在异域文化中才能发展自己，当代教师理应有勇气和底气，走过自己。

韩愈说："圣人无常师。"我自非圣人，亦无常师，也没有很多伴我左右、时受亲炙的"常生"。只要愿意与我切磋问题，或有所求问，我都倾我所有，无所保留。当然，乘兴而来者亦无妨尽兴而去。我喜欢这样一句话："要有价值，更要有生活的欢心。"只有对教育、对研究有"欢心"，很喜爱，才能投入其中，忘了自己。我不愿勉强他人，相信会有越来越多的人集聚而来，偕我远行！

——《未有金针亦度人》，刊发于《人民教育》2011年第19期，有修改

我做了20年一线教师，并没有什么了不起的成就和声望，更何况，当时人们也不像现在这样重视团队建设，我自然不可能拉起一支队伍。走上教科研工作岗位后，我没有做过学科教研员，做的是跨学科乃至超越教学的研究，不能通过某一具体学科的教学研讨把一些骨干力量聚拢在一起。出出主意、把把方向还行，倘要带领大家进入深度教研，则力不能及，也有侵人地盘之嫌，并不合宜。

客观情形就是这样，不过也有主观因素的作用。早年以"淡泊以明志"为座右铭，后来自我标榜"人淡如菊"。如此脾性之人，一般不会勉强自我，按照某种外在要求或标准来刻意形塑自己，更不会再以自定的某种要求或标准去衡量和约束别人。而团队建设在某种意义上就是"寻找尺码相同的人"，或者把"尺码不同的人"也"改造"过来。这是我不喜欢的事情，于是就少了带队需要的"主观条件"。

话说回来，没有带队，不等于说我没有为当下教师队伍建设出过气力，做过贡献。我一直在以自我不断创造、总结和积累的教科研方法影响和带动教师，也以个人智慧助推一些学校走上科研兴校、内涵发展之路。

换个角度看，这不也是一支无形的队伍吗？有形的队伍常以某种尺码去寻找、召集、规范和鞭策人们，而无形的队伍却有可能在行进过程中产生出某种尺码，后者或许更有自觉与信仰的力量，而更少功利的色彩。有形自有功用，无形更具意义，在团队建设工作越来越为人们重视的今天，有形变无形——将尺码内化于心，外化于形，则是一个值得关注和研究的问题。

领跑，让自己跑到更领先的位置

我很喜欢法国作家、哲学家阿尔贝·加缪的一段名言："不要走在我的后面，因为我可能不会引路；不要走在我的前面，因为我可能不会跟随；请走在我的身边，做我的朋友。"

我在《清华大学附属小学办学行动纲领》中读到源自加缪而又有所改编的话："请你不要走在我的前面，我不想跟随你；请你不要走在我的后面，我不想领导你；请你走在我的身边，我想与你并肩同行。"它描绘了一幅关于学校教师队伍生存与发展的理想画面。是的，它是理想的，而事实上，教师群体在向着共同愿景进发的过程中，难以始终保持同一种并行状态，总要有人处于领导或跟随者的位置。

建成一支优秀的队伍，往往离不开一个能力高强、领导有方并散发着独特人格魅力的领路人。清华大学附属小学窦桂梅校长就是这样一位领路人。如果她自始至终都"不想领导你"，那很难想象，这所学校会有强劲的上升态势和喜人的发展质态。现在这所学校的教师确如"纲领"所言，"并肩同行"，但这又岂能自动生成？它必定是在兼具科学性和艺术性的领导行为之下积久而成的。易言之，卓越的学校领导应让更多教师渐渐不觉领导存在，自然而然地走向同行。

不需要领导的同行是一种殊难达成的境界。在学校教师队伍或名师工作室建设与发展进程中，都需要一位核心的、灵魂性的人物存在。他带领大家越过一道道坎，攀登一级级梯，让团队成员有朝一日突然发现一个完全不同的自己。这是非常令人期待的结果。

在《领跑，让特级教师彰显质感》一文中，唐琴写道：

> 我知道，自己虽然头顶"特级"光环，却欠缺特级功力。我

没有丝毫优越感，告诉自己特级教师不是终点，而是新的起点。

我们以"问史，指向学生的发展"为主题，以时代价值取向和学术性课堂为路径，开展"积养学识、丰厚课堂"的系列活动。我们的教研范式、主题研究被《中学历史教学参考》等推介、报道，获江苏省优秀教学成果奖。这两年，苏州市历史学科基本功和评优课两项选拔赛第一名，均为我室成员……我校历史教师在苏州市历史年会获奖论文之多，被称为"吴江高级中学现象"……在全区中小学16个工作室考核中，我室名列第一；在高中14个学科中心考核中，我们历史学科名列第一。工作室培养了8位学科带头人，随着个体脱颖而出，工作室已成为抱成一团的整体，更多教师在走向特级，这也让我的特级荣誉更具质感。

为成长做规划……每年一小步，三年一大步，十年大发展……老师们的成长意识由外部驱动到内生，规划成长成为我们走"名特教师自我培养之路"的法宝。

我有较多机会近距离观察一些名师工作室的发展状况，唐琴领衔的唐秦历史名师工作室是其中的佼佼者。前不久，她给我寄来五本系列成果专著。只看这几本书，就足以想象团队这些年来跨越式发展的样子。我眼前甚至有一幅图景：她不时吹响集结号，带领大家向着一个又一个高地进发。2023年，她领衔的团队以"时代性价值指向的高中历史教学建构与实践"获第三届基础教育国家级教学成果一等奖。

今天，尽管很多地方倡导团队内部形成"大家培训大家，大家助推大家"的"动车效应"，但也要承认车头对列车行进速度和状态的决定作用。而特级教师等荣誉教师则要努力也有责任成为车头。可有两种情形不免让人担忧。其一，有些地区的特级教师，在评上之前教研成果丰富，而评上之后却呈现明显下滑趋势。金连平《特级教师"誉后"发展的困局及化解对策》介绍了这种情况。其二，尚处一线的特级教师大比例卸任年级组长和教研组长（详见王志梅、何建军《特级教师誉后发展问题再思考：基于对河北省725名在职特级教师的调查分析》）。功成名就之后，有的人进取意识淡薄，也不愿意带队了，但"唐琴们"则相反。我注意到，在中国知网，唐琴的成果有八成以上为2008年评上特级以后发表的，尤以近几年为多。她不仅带领历史学科教师，作为分管校长，还制定了《教师规划成长研修手册》，要求全体骨干教师和40岁以下青年教师从多方面积累成长资本，制定成长规划，确定发展目标，并从教学、科研等四个方面将规划分解、细化为年度计划。

唐琴说："领跑，让自己跑到更领先的位置。"若没有领先的身位，也难以胜任领跑之大任。不要期望一个平庸之辈能培养出一批优秀人才，也不要奢望一个后续发展动力不足的"名师"能使身边之人奋进不已。领路人理应不做天花板，而做动力源。唯有自身动力十足，才能成为动力源头。不唯专业知识，业务能力要领先，师德师品、精神意志也要领跑，唯有在各方面、全方位都领先、领跑，才能以高峰的海拔"带出"高原，并使高原之上矗立起更多的高峰。

带领他们去没有去过的地方

合作共事是团队建设的题中之义。抱团取暖不是目的，齐飞共进才是追求。仅仅合力完成一些常规工作，充其量是团队建设的初级状态。

团队建设必须带领大家飞翔，飞得更高。正如基辛格博士所说，领导就是带领他的人去他们没有去过的地方。团队领路人要通过制度性或非制度性等因素与力量，一次次地把大家领到新的所在。

带领可以是一种远方的召唤。

下棋找高手，领衔需高人。如果领路者能耐平平，与团队成员没有一定或较大的"位能差"，那团队建设就很可能原地踏步。高水平团队一定有真正卓越的人在前面引路，他们往往视带起一支出色团队为"专业"。一方面，他们不孤芳自赏，而以平和、亲和的态度团结大家，平等对话；另一方面，又在专业地位、智慧水平和学术威信上，让大家可以由此取法乎上。

李吉林老师就是一位杰出的教师教育者，小学语文界有许多优秀教师、名师是从她这里起飞的。除此以外，她还带动了多个学段、学科的青年教师，使他们登上了仅靠个人或群体奋斗无法企及的高度。

柳小梅在《我们，在"一群人"中成长》一文中，叙述了南通师范学校第二附属小学数学教研组蝉联江苏省学科教学比赛一等奖、实现"九连冠"的事情。她说，情境教育如同一棵枝繁叶茂的大树，李吉林老师及其研究、探索支撑起了树干，同时将养分输送给一片片新叶。它们舒展、汇集，托起一朵朵绿色的云。他们一天天变得高大起来，在探索、实践的同时，不断丰富数学情境教学理论。

情境教育理论正是召唤这支团队的一股强大力量。而真正的好理论一定具有很强的可行性和亲民性。柳小梅还写道，和李老师一次次备课的过程，就是数学老师们一步步探索数学情境教学的过程。她带领他们总结出数学课创设情境的有效途径——将数与形、数与生活结合起来，让儿童在身边发现数学，让数学在他们的眼中变得亲近起来。

带领最好有共同的行动纲领。

《清华大学附属小学办学行动纲领》是一份标准、正式的行动纲领。它规定和阐明了学校师生、员工应持的价值取向、应有的目标追求、应守的行动规范，在学校发展进程中有着重要的地位和功用。有类似纲领的学校并不多，至于团队或工作室，则不必苛求都有如此中规中矩、成模成样的纲领。

若干年前我们组建"倾听教育"团队，起初便商定出五句话："倾听窗外，声声入耳；倾听师长，天天向上；倾听同伴，走向共生；倾听儿童，享受教育；倾听自我，反思成长。"当时亦称之为"行动纲领"。它大致刻画了我们的实践朝向、发展思路和行为路径。循此而动，自能有所作为。

陈铁梅老师团队在"以优秀教师培养更优秀的学生"理念驱动之下，走到出乎每个人意料的"诗与远方"。这自然也要归功于他们当初确定的"审美人生教育"工作室"12345"。

1个愿景：将审美教育与人生教育相结合，培养人格健全的、生命充实的人。

2个目标：不能使美术成为儿童时代错过了的东西，要教学生能带得走的美术。

3个观念："每个学生都有美术才能"的学生观，"每个艺术教师首先是学生的人生导师"的教师观，"每节美术课、每次美术活动都是师生生命成长的历程"的教学观。

4个基本操作原理：审美道德判断优先原理、左右脑协调平衡原理、审美敏悟与审美创造共生原理、师生互惠共长原理。

5个学生价值导向：你天生就有美术才能，你正在生长创意的触角，你可以破译名作的密码，你能够追随大师的足迹，你也能发展美术的志趣。

带领给予人一股倒逼的力量。

人们常喜欢待在舒适区,久居其间却会引发无聊和空虚,导致面对舒适的失落和不舒适。人的精神不时需要得到刺激,有时做不会做的事,不仅能获得更好的成长,也会收获与先前的舒适不在同一层次也不是同一质性的舒适。

"苏语五人行"成员丁卫军老师鼓励何佳晖老师努力超越自我,积极参加语文"共生教学"研究讨论会并上示范课。何老师的课赢得好评。课后她感慨地说:"第一次面对名家,从一开始的惴惴不安,到后来的怀疑自我,再到课堂上能把握自我,战胜自我,我实现了一次生命的超越。"

陈莉烨老师也是丁卫军工作室成员,"被逼"与"苏语五人行"同课异构,她深为梁增红老师的课所折服,感到差距不仅在上课的技术,更在于内在的积淀和学养:"这堂课成了我前行的一条鞭子,不时鞭策我抓紧提高专业素养……我从来没有像现在这样意识到自我修养的重要性,痛感不学习就是对灵魂的亵渎。"

不想做就不做,是慵懒的人;不想做却努力做,是意志坚定的人;不想做却做了,并且收获了快乐,则是幸福的人。深度幸福不是去一个美丽的地方,而是创造一片新的乐土。

优秀教师说到底是自己成长的

在《让专业成长有点"生长性"》一文中,我写道:

"生长性"的本质是内在的，是自主的。正如《学会生存：教育世界的今天和明天》所说，他人的教育必须成为这个人自己的教育。也如杜威所言，教育即生长，因此，生长必须是这个人自己的生长，也是这个人自己的教育。我不反对名师带徒授业等一类的教师成长范式。我想说的是，就像教师教学生，不宜"牵学""灌学"或"代学"，名师带徒，也不宜一味"谆谆教诲"，甚或越俎代庖。他要让徒弟有自我尝试而碰壁的困窘，有自我揣摩、体悟的时空，有自我破蛹成蝶的艰难……经由必要的试错，以及其后同侪教师的引领、点拨，他们一定会形成许多只可意会、不可言传的"缄默知识"，进而也可能形成自己捋得清、亦能说得明的理性智慧。这个过程既是一种历练，也是一种生长。

要有较强的成长自主意识，"他主"的成长，即"被成长"，一旦"他主"的力量转移或消失了，那么，成长就将趋缓、停止乃至变为"负成长"。我曾在一些场合宣扬过"高压锅理论"，甚至说过"哪里有压迫，哪里就有成长"。这两种说法其实是对立统一的。必要的外力促进与倒逼有其合理性，有的制度和规范就是这样的外力。自主和自觉性更应受到肯定和重视，毕竟这才是变化的依据——内因；而前述压迫、倒逼或外力则是变化的条件——外因。外因要通过内因起作用。优秀教师在某种意义上是外界玉成的，在另一种意义上，则是自我修为的，是自己培养出来的。

当前，教师团队或名师工作室建设情况总体是好的，比较突出的不足是团队成员"被成长"的现象比较普遍。它又有许多具体的情形，比如，有的听命于导师或领路人，唯其教学主张、研究方向和行事风格等是瞻，自我个性难以得到发挥和彰显；有的个体成长节律过多受制于导师或领路人，自由和空间被挤压，要花很多时间和气力完成他们交办的任务；有的功利性较强，限时要求达成某个专业发展的层级，使团队成员难以从容地做自己乐意做的事情；等等。

因此，团队或名师工作室建设必须有所变革。

首先，要淡化培养工作的功利性。正如杜威的观点，教育无目的，它本身就是目的。我们也要确立一种理念：在某种意义上，除了促进团队成员成长之外，培养活动亦无其他目的。

其次，要坚定"每个人都很重要"的信念。领路人应该发挥核心或灵魂作用，却不宜以"教师爷"自居。南通市通州区实验小学的王笑梅团队有一种团队建设哲学，认为每个人都很重要，但没有哪个人特别重要。倘若某个个体特别重要，那么就会出现因为一个人所得营养过多而使其他人营养不够，进而影响健康成长的情形。王笑梅团队追求"叶镶嵌"——植物相邻的两片叶子总是不重叠的，即使同一枝条上的叶子也不互相遮挡。镶嵌式排列，使每片叶子都能享受阳光。该校教师整体发展生态之好颇为罕见，这也得力于"我很重要"的自信对每个人的催化作用。有些自信的人必将自我培养，最终也是他们把自己培养得重要起来。

再次，要有等待的耐心。学生成长要我们静待花开，教师成长也是这样。美国心理学家阿内特将18至29岁作为一个独特的生命阶段，称为"正式形成的成年期"，并进而提出"推迟的成年"概念。成尚荣先生认为，不能只关注这一年龄段教师为师的一面，还要关注他们"为生"，需要得到师长关心、爱护和帮助的一面。目前，不到30岁的团队成员不在少数，领路人对其不宜求成心切。成先生还由德国人类学家博尔诺夫"非连续性教育"的思想，想到教师"非连续性成长"的问题。成长过程中出现中断未必是坏事，要让中断期成为转折期，让转化、转折成为发展的新契机。此时，领路人不宜操之过急，要相信，稍待之后可能有惊喜。

最后，提倡"互哺式培养"。"苏语五人行"是很典型的例子。苏州市的刘恩樵、南通市的丁卫军等五位江苏省初中语文名师在一次全国研讨活动中邂逅，从此结下不解之缘。几年来，他们通过多种形式和渠道切磋教学艺术，探求教育之道，共同步入远远超越过往发展状态的专业境界，还多次组织公益活动，自觉提升团队教育实践的品质和品位。这就是教师专业发展的"生态模式"。它鼓励教师们结成学习共同体，并依托共同体交流、学习，从而获得更加宽阔的教师发展场域。该团体是民间性质的，也因此更有自我或相互培养的意味，其成长经验，值得过于倚重行政作为与行政力量的人们学习和借鉴。

电影《天下无贼》中有一句台词："人心散了，队伍不好带啊！"带队重要的一点正是把人心拢起来。但拢未必是一团和气，也未必是一种声音，更多的是对某些正向、积极的教育价值观的共同认可，以及从各个方向朝着这种价值观的行走和逼近。在彼德·圣吉《第五项修炼》中，有一个关键概念"建立共同愿景"。他说，如果有任何一项领导的理念，几千年来一直能在组织中鼓舞人心，那就是拥有一种能够凝聚并坚持实现共同愿景的能力。有了衷心渴望实现的目标，大家会努力学习、追求卓越，不是因为他们被要求这样做，而是因为衷心想要如此。团队建设要做的事很多，而确立共同价值观，建立共同愿景，或许才是最重要的。若不在务虚上着力，我们务实时就有可能迷失方向，走向人心的紊乱，走向力量的耗散。

十八、培育一项"诱导"自己、继往开来的成果

卫红及其著作表现出一种可贵的整体教学思维，这种思维已然超越一般理念的范畴，渐渐逼近教学主张乃至教学思想之境……真正有效、优效或优质的教学必然呼唤教师正确、科学的整体教学思维。卫红以"倾听"或"倾听教育"的理念来整体观照他的课堂教学设计、执行及其随后的反思。

卫红及其著作表现出"以实践说话"的胆略和创意丰富的匠心……我有一个越来越强烈的观念："大话好说，小事难为。"只要多读书，多积累，要说一些"在云端舞蹈"的理论大话并不甚难，难就难在将这些理论大话付诸实施，"贴地而行"。因此，近年来，我在多种场合倡导、倡行"课堂工艺"，它指具体而微又灵动有效的教学操作行为，既有作为"工"的规范性特征，又有作为"艺"的艺术性意蕴，需要我们付出很大的智慧性劳动，才能逐步建构和完善。卫红谙熟于课堂诸多工艺，特别是"倾听"工艺，并以"倾听"作为一根或隐或显的链条，把很多课堂工艺有机串联起来，从而创造了一个个生机盎然的课堂。

——为汤卫红《倾听数学》所作序，
南京大学出版社2011年版，有修改

在江苏省首届基础教育教学成果奖评比中，如皋师范学校附属小学汤卫红主持的"小学数学'倾听教育'的理论与实践研究"荣膺一等奖。我是四位"主创人员"之一。作为"倾听教育"的发起者、组织者和推动者，我和一些志同道合的校长、老师一道，通过课题研究的平台，进行相关实践与探索，着力培养师生的倾听习惯，强化倾听自觉，提高倾听能力，涵育倾听美德。汤卫红在小学数学教学中凝神聚力做倾听教育，而章小英、郭姜燕、孙小冬等则在小学语文以及其他多个学科中做倾听教育。大家在不同学科、在不同实践场域"围猎"它，都有较为丰厚的斩获。

能在省级教学成果评比中披金挂银固然令人自豪，而未参赛也自然没能获奖的那些实践与探索行为同样值得人们尊重、珍视和铭记。创造这有形或无形、"佩冠"或"无冕"成果的过程，实则是一次以较高、较远的目标驱动自我继往开来、奋力进取的教育旅程。在不断前行中，我们携手学生，遇见许多美好，并悄然发生个体和群体生命的增值。

"为儿童的学习"应是成果培育的第一动力

> 教学成果是想出来的，是做出来的，也是捋出来的，还是写出来的。如果这么些年来，您始终在有意无意地围绕某个圆心，朝着某个方向思考与行动、梳理与写作，那么，无妨唤醒自己，把那些日用而不觉的东西召唤出来，再加以适当建构和完善，那就可能捧出一个让自己都有惊艳之感的成果来。

这是我在一个名师培养工程活动中所做主旨报告里的一段话，表达了我对成果培育问题的主要认识、理解。培育既要有必要的谋划，也要能自然地生成；既要有勤恳的劳作，也要有恰当的言说；既要有长久的孕育，也要有适时的锻造。"培"更多一点儿人工之迹，"育"更有一份天成之象。

一般而言，成果培育非普通或寻常教师所欲为、所能为，而是优秀或卓越教师才会关注并倾注心力的。既然非常人所欲为，非常人才能为，那必定要有较强的动力机制。我认为，"为儿童（学生）的学习"才是其第一动力。倘若不以此为终极旨归，那么，成果培育就很可能变味或误入歧途。这是当前许多有意于此的同人都要注意识清、辨明的一个问题。

"为儿童的学习"是李吉林老师一本重要著作的书名。2005年左右，她将情境教育的实践与研究方向调整到儿童学习的问题上来，试图对这个黑箱有所解密。这对年近古稀之人而言，是一次浴火重生意味的挑战，但她毅然决然，向它发起猛攻，并在其后取得重大突破，"儿童情境学习"渐渐成为一种教育时代话语。2014年，李老师的情境教育获首届基础教育国家级教学成果特等奖。

"为儿童的学习"，就要善于与孩子的天性合作，遵循儿童喜玩、乐动的天性。

2015年起，我与广州市荔湾区环翠园小学、南通市崇川小学联合开发"学会玩的动课程"，简称"玩—动课程"。这一课程注重游戏精神，即好奇的心态、发现的眼光、探索的兴趣和创造的情怀等的涵育和濡染，努力让学生在较为快乐的活动及氛围中学，在动中启智。

一方面，我们对学科课程进行"玩化改造"，分别提出与践行多种学科教学主张。比如，"驯养语文""玩索数学""竞'秀'英语""经历科学""展演艺术"和"炫动体育"等。另一方面，致力于建构、开发更具校本课程色彩、特质和价值的综合活动课程。综合活动课程分为项目活动课和主题活动课两大块。

项目活动课大致相当于基于项目的学习课程，以班级为单位，每周划出一两节课，围绕一个项目，由一位或几位教师带领学生进行跨科学习与探究。

比如，上"虫儿乐"课时，教师带领学生到学校花园，先交流阅读《昆虫记》的体会，随后分组到园子里捉虫，再展示课前自制的形似所捉到的虫子外形轮廓的知识卡片，相互介绍相关虫子的知识，然后欣赏《森林交响曲》。伴着乐曲，学生模仿相关昆虫的形态和动作，并学习它们的英文单词。最后，读庄子关于"以鸟养养鸟"而不以人养养鸟的寓言，启发学生领悟不要以人养养虫，而要以虫养养虫的道理。这样，学生就会明白捉虫是对虫儿生活世界的打扰，他们在"对不起"的道歉声中把虫儿放归花园。该课打通了生物、音乐、语文、英语、美术等数门学科知识，使学生在不知不觉中实现跨界学习，并进行必要的合作，在三维目标上都有所获。

主题活动课与项目活动课的差异主要表现在体量上。主题活动课不是以班级而是以年级或全校为单位的，有较大的时间跨度，围绕一个相对宏大的主题组建。比如，五年级"我们的'四大发明'"（这里的"发明"泛指学生有一定创意、有一点儿发现的行为），它统摄半学期的项目活动，将项目乃至学科课堂之外的微活动都有机整合起来，先连点成面，后浑然一体。

我们尽可能把项目活动纳入主题活动框架中，使前者成为后者的一个组成部分。即便在非主题活动时间，也尽量巧妙设计，使它与某个主题有所呼应，从而使这两者形成照应或嵌套式关系，进而使一段时期内综合活动课程趋于统整，最终形成"十大好玩课程"之类相对定型的校本课程体系。

课程应是为儿童、儿童化和"化"儿童的。我们注重观照儿童的生活，主张给予儿童寻常的、食人间烟火的生活，让他们首先学会生活，成为生活中的人。我们开设的课程是给儿童一生涂抹人生底色、调谐生命基调的课程，不重在培养、提升他们在某一方面的、狭义上的才智优长。重视儿童的生活，还因为，我们痛感当下相当部分儿童正演绎着"童年的消逝"悲剧，希望能为"拯救童年"发挥一定作用。

"与孩子的天性合作"是"为儿童的学习"题中要义之一，却不是全部。除了合作，还要促进、提升和发展。可以讲，这才是更大、更优也更迫切的合作。后来，我们以"学会玩的动课程"为主体内容，以"小学生游戏情境课程的实践建构"为名称，申报 2017 年江苏省教学成果奖（基础教育类），并获二等奖。"学会玩的动课程"始终以为儿童的学习为第一动力，在课程探索与变革领域，切实践行"为学而教""为'真学'而教"的理念。

在"后瞻"与"前瞻"的交互中"高瞻"

南通"二李"分别获得首届国家级基础教育教学成果特等或一等奖，她们都经历了整整 35 年的奋斗才创造出这些成果（1978—2013 年）。南通市如皋师范学校附属小学朱爱华团队获第二届国家级基础教育教学成果一等奖，成果名为"跨界学习，奠基大成——小学育人路径探索 20 年"。这些获奖者都是逐步积累、积淀和显现、推出各自成果的。由此可以得出结论：那些丰硕的成果，非得经过长时间的酝酿、生长、打磨才能成功和成型。堪称"成果"的东西，都要有一个持久生成、接续发展和逐步推高的历程。这个历程中必定有若干向后回视和向前展望的环节，正是这些环节，才塑造了成果的"金身"。

想起特级教师钱梦龙先生的话："有朋友认为我有前瞻性。其实我只有'后瞻性'，因为我的这些教学理念完全是从自己少年时代的自学历程中悟出的。"钱老师固然有"后瞻性"，但也肯定如朋友所言，有其独擅的前瞻性，在各种教学理念和范式几有泛滥之势的当下，他建构的"三主四式导读法"仍属难得的成果。而他由"后瞻"所悟得的那些东西恰恰深刻地揭示了教学本质和规律的深层意蕴——"学为中心""由学度（揣度、谋划）教""以学定教"，等等。由此看来，前瞻和后瞻并非截然可分，更多是融为一体的。

教学成果的创造理应是在后瞻和前瞻的交互中"高瞻"的过程。

后瞻未必只指向一己过往的教学事实，也有可能是自我遭遇的教学现状或时代困局。李吉林老师之所以探索情境教学，一个很重要的原因是，她不满于当时小学语文教学枯燥乏味、令人窒息，与儿童身心发展规律背道而驰，不满于当时小学课文教学无法引发学习兴趣，效率和质量普遍十分低下。如此后瞻，必然促使她前瞻。当她听到一位中学外语教师介绍国外的情境教学法时，顿时有如获至宝、眼前一亮之感，于是发人未发，走上围绕情境而上下求索几十年的变革之路。

后瞻和前瞻常常是一脉相通的，但在视域及格局上，却必须有变化与拓展。前瞻时视域和格局应该更大，也更为高远。从情境教学发端，李老师在经历几十年学科教学探索后，把视野提高到情境教育的层面，所在学校和实验校各科都先后行动起来，逐步建构起适合自身的情境操作范式。事实证明，语文、数学、体育、科学等学科无一不可以在优选的或优化的情境中发生更优的教和更好的学。

前瞻是向前的瞻望，但不等于一个固定方向的线性延展，它可以是多维和多向的。进入情境教育探索阶段数年后，李吉林老师把更多精力聚焦情境课程的建构与研究中，最终形成四大领域：核心领域的学科情境课程、综合领域的主题性大单元情境课程、衔接领域的过渡性情境课程，以及源泉领域的野外情境课程。后来又主要以情境课程为载体和平台，探索与优化"中国儿童情境学习范式"。从情境教学到情境教育，是一种横向拓展；从情境教育到情境课程，是一种纵向掘进；再从情境课程到儿童情境学习，则兼有横、纵两种运作方向。这犹如掘土机的行进线路和工作方式，使李老师的全部实践与研究有了宽度、深度和高度。

鲁迅先生说，凡是已有定评的大作家，他的作品，全部就说明着应该怎样写。李吉林老师正是一位"已有定评"的教育家，她创造的情境教育辉煌成果及其创造过程、方法等，都说明着教学成果"应当怎样创造"。

"却顾所来径，苍苍横翠微。"（李白）不时回望来时路，既有葱绿弥望的诗意，也有历经坎坷的"禅悟"。诗意让我们豪情满怀，"禅悟"让我们理智萦心，带着它们上路，就能在情理交融的世界里履端行正，就能在拾级而上的前路中向善向美。

"前瞻路已穷，既诣喜更延。"（韦应物）当我们达到某个高度和某种境界时，或许会有暂时的迷惘，但再坚持往前走一走，到了一个新空间、新平台，又会有新的喜悦在弥散和腾飞……

教学成果的创造往往有一个或明或隐的目标在前诱导，但又常常不是直线向前、永不回头的行走，而是迂回曲折、螺旋上升的腾挪。在这腾挪的过程中，既要有理性的后瞻，又要有激情的前瞻，还要有后瞻和前瞻之间的互相攀援与互相更迭。它们或许更多是以量的积累方式进行，而有时也会以质的蜕变方式实现。这时，我们已然不在先前的地方，而到了一个新的高度、一个新的空间。

是成长之果，也是成长之阶

教学成果是成长之果，也是成长之阶，至少有以下几个方面的意涵。

其一，我们不是在向上级教育行政部门申报某项教学成果奖时，才结成和拥有这样的成果。只要专业生活不是处于停滞时期，而是处于成长状态，那么，过程即结果，成长即成果。

把成果界定为成长之果，乃至成长本身，有利于我们卸下一些功利负荷，进而使成果能生成于一种较为自然、更合规律的过程中。这样的成果，更少一些"为己"性，而更多一点儿"为人"（学生或儿童）性。不管怎样理解教学成果，它都应该是教师用自己的知识和智慧教学生学，而最终主要由学生的学表现出来的东西。当我们更多地关注和着力于学生的学习与成长，以及自我"与学生一起成长"时，那么，教育心理必将更为怡然，教学心态必将更为裕然。这于无形中拓展了成果的成长空间，优化了成果的成长生态。李吉林老师说自己压根儿就没有想过要获奖。这绝非矫情之语，在她就情境教育进行了几十年的实践探索后，才有省和国家评奖一事。如此顺乎天性、自然长成的成果当然非常充实、饱满和香甜。

其二，成长是慢的艺术，成果的成长必定不能一蹴而就，不能一日即成。积少成多，我们既要耐得住成果成长过程中的艰辛与寂寞，又要确认，每一点积累、每一步的前进都不可或缺。

一步登天式的成长只能是臆想或神话，每一步脚踏实地的行走都有其平凡而又重要的作用与意义。就像人有了饱腹感后，不能只记住第三个馒头的好处，前两个馒头乃至吃下去的每一口都给予我们生命成长所需要的营养，都功不可没。朱爱华团队获国家级一等奖，她把"育人路径探索 20 年"的"正式出发地"定在一件事情上——1999 年，在《江苏教育》发表《打通学科关节　发挥联动效应》一文。这篇现在看来不够成熟的文章恰恰是对其跨界学习之初自我成长轨迹的描述，也是对后来有关跨界学习终端成果的"初始化定义"。庄子说："始生之物，其形必丑。"倘若没有当初的丑小鸭，又焉能有今日的白天鹅？倘若没有从"学科 +"到"完整育人"历程中或曲径通幽或勇往直前的全部践履，又焉能有当下的集大成呢？

其三，教育生命无穷尽，生命不息，成长不止，一切真正优质的成果，理应都有其特定的"非终结性价值"。它不仅表现为横向的广延，也表现为纵向的增高。

对终身成长的人来说，前一步的成果应该也是后一步继续努力的登高之阶。正是这一级级的台阶，提升了他们的高度，也拓宽了他们的视域。

2021 年，江苏省第三届基础教育教学成果奖开评时，我有幸见证或参与了部分参评成果的整理和准备工作。我发现它们有一个共性，即都有若干个成长阶段，整体构成漫长的登山式发展历程。虽说这些阶段很难于早年就清晰预设、准确划定，但现在回望时，却是可以大致厘清、历历在目的。作为成果持有者，这些教师都是教育心智十分成熟的人，越到后来，越有自觉的谋划意识和统筹能力，越是清楚应该做什么，应该怎么做。

以小学语文为例，王笑梅团队申报的课题是"城乡融合进程中'田园·嬉美'语文教育探索 30 年"，其中有田园主题教学、田园嬉美作文教学、田园嬉美语文教学、田园嬉美教育等四个阶段。南通师范学校第一附属小学宋晓丽团队申报的是"'玩美童年'综合活动课程开发与实践"，也有小学语文情趣教学研究、"玩美童年"综合课程的建设与应用、"玩美童年"课程的协作开展、"玩美童年"课程理论的人本重构等四个阶段。她们不约而同都选择了以登阶式思维导图勾勒和反映全部历程的叙事方法。由这些成果搭建的成长之阶，必将助成更多师生以及学校的和谐成长与高品质发展。

做一个满血复活的"六一居士"。是的，这六个方面或者其中大部分若能做到、做好，每一个"从优秀走向卓越"的教师都将满血复活，气象万千。

| 后记 |

教育即生活，写作即成长。

数十年来，我以纸笔书写灵魂，用键盘敲击生命。"字里识途，行间生慧"，我曾以这八个字勉励青年教师要勤于笔耕，这其实也是我自己"教育人生"的写照。

所以，于我而言，写作本书可谓水到渠成的事。

本书初稿完成后，源创图书的编辑团队以高度负责的专业精神进行编辑、优化，我们多次一起讨论、修改、打磨，历时一年有余。

书中众多案例的当事人，他们都是优秀的教育人，绝大多数同时又都是我熟识的朋友或前辈。他们的卓越成长故事，为本书增色不少。在此，我向他们表达衷心的感谢。从一定意义上说，他们也参与了本书的写作。

我还要对读者朋友们表示特别的感谢。老师们的认可、赏识和喜爱，成为激励我持续写作的力量。不少老师读了我的作品后，通过多种渠道与我建立了联系，反馈给我很多有益的信息，并提出了许多建设性的意见。这些都给我平添了许多成长的助力。

"做一个成长型教师"，让我们以此共勉，一起成长。